AF588882

BIBLIOTHÈQUE

Economique.

TOME XLIX.

Z 173
Sa.19 1287

IMPRIMERIE DE CASIMIR,
rue de la Vieille-Monnaie, n° 12.

HYGIÈNE

DOMESTIQUE.

L'instruction est l'amie de tous.

SECONDE ÉDITION.

ROYALE

A PARIS,
CHEZ DAUTHEREAU,
A LA LIBRAIRIE AU RABAIS,
Grande cour du Palais-Royal, côté du Théâtre-Français, nº 21 *bis*.
1826.

INTRODUCTION.

L'hygiène est l'art de conserver la santé; c'est sans contredit parmi toutes les sciences, la plus utile à l'homme. L'étude de cette science doit suivre celle de la *physiologie* (*Voyez ce Traité.*) qui est la connaissance de la structure de l'homme en santé et des fonctions qu'exécutent ses organes. L'hygiène nous apprend à connaître l'influence exercée sur nos organes et sur les fonctions qu'ils remplissent, par tous les agens destinés par la nature à satisfaire nos besoins. On voit combien le domaine de cette science est immense; toutes les autres sciences, la *physique*, la *chimie*, l'*histoire na-*

turelle, lui paient tribut; il faut les posséder pour se livrer à l'étude de l'hygiène. C'est avec le secours de toutes ces sciences qu'elle nous apprend à éviter les choses nuisibles, et à faire un bon usage des choses utiles.

Ce n'est pas seulement dans les temps modernes que l'utilité de l'hygiène a été reconnue. Il n'est personne qui ne sache que la déesse *Hygie* avait des temples chez presque tous les peuples de la plus haute antiquité. Tous les législateurs ont senti l'importance de l'hygiène, et l'on retrouve des règles d'hygiène dans toutes les constitutions religieuses qu'ils ont données à leurs peuples. Ces règles sont toujours conformes à la nature du pays; ainsi le *sastha*, qui est peut-être le plus ancien livre du monde, prescrit aux Indiens, vivant dans une atmosphère brûlante, une vie rafraîchissante, une vie toute végétale, et inspire à ces peuples une horreur, déjà commandée par le climat, pour toute nourriture animale. Pythagore, élève des prêtres de l'Inde, prescrit aussi à ses disciples l'abstinence de la viande et des liqueurs fortes; mais ce précepte n'offrait pas pour la Grèce, dont le climat est extrêmement tempéré, les mêmes avantages que pour l'Inde. Le *sanchoniâthon* chez les Chaldéens, l'*hermès trismégiste* chez les Égyptiens, sont remplis de règles hygiéniques qui reçoivent, d'être placées dans ces livres, un caractère sacré.

Le législateur des Hébreux a certainement eu des raisons hygiéniques pour prescrire l'usage de lotions fréquentes, des bains et l'abstinence de la viande de certains animaux. Le motif de plusieurs de ces prohibitions nous est absolument inconnu; mais certes, il n'en est pas de plus sage que celle de la viande du porc. Quoi de plus sage encore que la séquestration des lépreux, et les lois qui défendaient le mariage entre parens. Chez les Chinois, les Crétois, les Perses, les règles hygiéniques sont comprises parmi les lois qui régissaient ces peuples. Les Grecs et les Romains, si remarquables par leur haute civilisation, cultivaient avec le plus grand soin le bel art de conserver la santé. C'est chez ces deux peuples qu'on voit naître le *gymnastique*, si propre à développer les organes; ils faisaient un très-grand usage des bains, et cet usage, transmis de générations en générations, s'est accru chez tous les peuples modernes. Pourquoi ne pas aussi les avoir imités dans leur manière de se vêtir? Quelle différence de ces vêtemens amples qui permettaient aux membres d'acquérir tout leur développement, aux viscères de parfaitement fonctionner dans les cavités qui les contiennent, avec ces petits habits, saus grâce et sans noblesse, qui nous compriment et nous mettent à la gêne.

L'hygiène ne doit pas seulement s'occuper de la santé des individus, elle doit aussi veiller à la conservation des masses, et le but de tout gouvernement ne doit pas seulement être d'avoir à gouverner des peuples nombreux, mais surtout des peuples bien portans. « Ce serait peu, maintenant, « dit Cabanis, que l'hygiène se bornât « à tracer les règles applicables aux « différentes circonstances où peut se « trouver chaque homme en particu- « lier; elle doit considérer l'espèce « humaine comme un individu dont « l'éducation physique lui est confiée, « et que la durée indéfinie de son

« existence lui permet de rapprocher « sans cesse d'un type parfait dont son « état primitif ne donnait pas même « l'idée. Il faut en un mot que l'hy- « giène aspire à perfectionner la na- « ture humaine. » Aussi l'hygiène se divise-t-elle en hygiène publique et hygiène privée. C'est de cette dernière seule qu'il sera question dans le traité que nous offrons aux souscripteurs de la *Bibliothèque économique*. Quelque étroit que soit le cadre, il était possible de faire un livre utile ; nous espérons avoir atteint ce but.

HYGIÈNE

DOMESTIQUE.

CHAPITRE PREMIER.

De l'homme considéré comme objet de l'hygiène.

1. Nous avons vu dans le *traité de physiologie*, que la vie résultait de l'action simultanée de plusieurs organes. Ces organes remplissent donc certaines fonctions, qu'on peut diviser en deux grandes classes; division que nous suivrons dans l'étude de l'hygiène. Le premier ordre comprend les fonctions qui sont relatives à l'accroisse-

ment et à l'entretien de la vie. Ces fonctions sont la *digestion*, la *circulation*, la *respiration*, les *secrétions* et les *excrétions*; ce sont les fonctions de la *vie organique*. Dans la seconde classe sont toutes les fonctions qui nous mettent en rapport avec nos semblables, et tous les objets qui nous entourent, ce sont les fonctions remplies par les organes de nos sens, ce sont les fonctions de la *vie de relation*. Les divers organes qui remplissent ces fonctions importantes entrent en action quand ils sont excités par certains agens qui sont en nous ou hors de nous. Mais l'action de ces agens est modifiée par le sexe, l'âge, l'habitude, le tempérament et les dispositions héréditaires.

2. La différence établie par le *sexe* chez les individus, est trop sensible pour qu'il paraisse nécessaire de beaucoup insister dessus; elle n'existe pas seulement dans l'appareil reproducteur, mais elle se montre aussi dans

les formes et dans la manière dont les deux premiers ordres d'organes (1) remplissent leurs fonctions. Toutes les formes, chez l'homme, sont angulaires; ses muscles, fortement prononcés, se contractent avec énergie, et annoncent la force et le besoin de se mouvoir. Chez les femmes, au contraire, les formes sont arrondies, gracieuses; leurs muscles, entourés de tissu cellulaire, leur peau douce, veloutée et dépourvue de poils, annoncent la faiblesse et le besoin d'une existence tranquille. La vie, chez l'homme, est infiniment plus active que chez la femme : il mange infiniment plus qu'elle; ses boissons sont plus excitantes; il supporte plus impunément les excès de tout genre. La femme, de son côté, brille par une sensibilité exquise : consumée par le besoin d'aimer et d'être aimée, son existence est, dans notre état social, infiniment plus malheureuse que la nôtre. En but à toutes les maladies propres à l'homme, la femme a encore à redouter celles uniquement propres à son sexe, et tous les maux qui naissent de ce besoin d'amour auquel l'homme répond trop rarement.

3. Nous avons continuellement sous les yeux le tableau des modifications que *l'âge* produit chez l'homme. L'enfant ne vit pour ainsi dire que pour manger ; ce sont chez lui les organes de la digestion qui dominent. En effet la digestion doit fournir à cet âge les élémens de l'accroissement, et simultanément réparer les pertes continuelles qui résultent du travail de la vie. Chez l'enfant, il y a comme chez la femme, une grande prédominance du système nerveux, les formes sont aussi très-peu prononcées et ils sont aussi faibles. Une longue éducation doit venir au secours de la vie de relation qui est à peine ébauchée. L'âge viril arrive, les organes de la vie de la relation ont acquis toute la perfection désirable ; la nutrition est toujours active, mais

elle a cessé de prédominer. Un nouveau besoin se montre chez l'homme adulte. Les organes de la reproduction ont acquis tout leur développement; le temps est arrivé de répondre au vœu de la nature. A cette époque l'homme est dans toute sa force, tous ses organes sont dans le plus parfait équilibre, les facultés intellectuelles ont acquis leur plus grand degré de perfection; mais vient la vieillesse, et l'on voit ses dernières facultés décroître et s'anéantir, quoique l'homme physique n'ait pas cessé d'exister. La nutrition conserve encore chez les vieillards quelque activité; cette importante fonction commence avec la vie; quand elle finit, la vie cesse.

4. On a dit que *l'habitude était une seconde nature*, et ce n'est pas sans quelque raison; car on ne saurait dissimuler qu'en nous rendant plus ou moins insensibles à l'impression de divers agens, elle ne joue un bien grand rôle dans le beau phénomène de la vie.

Ainsi nous la voyons nous créer des répugnances pour des choses éminemment bonnes et utiles, et convertir certains actes qu'elle nous fait aveuglément adopter, en de vrais besoins, auxquels il nous devient presque impossible de résister. Qu'on ne croie pas cependant qu'il soit impossible de renoncer sans de grands dangers aux habitudes les plus anciennes. On y parvient avec une ferme volonté et avec des ménagemens, qui consistent à passer par des termes intermédiaires pour arriver à une privation qu'on n'aurait pas pu s'imposer brusquement sans danger. Cependant on ne saurait perdre de certaines habitudes qu'on a dû se créer pour se guérir de quelque maladie, ou se débarrasser de quelque incommodité.

5. On entend par *tempérament* la prédominance d'un ou de plusieurs organes sur les autres. Ces prédominances, si elles ne sont pas toujours originelles, sont du moins pour la plupart

du temps le résultat du développement naturel des organes, mais aussi elles sont souvent acquises par l'éducation. On reconnaît quatre espèces de tempérament, le *nerveux*, le *sanguin*, le *bilieux* et le *lymphatique*.

La prédominance nerveuse s'annonce par une grande susceptibilité physique et morale; la sensibilité des personnes nerveuses est exaltée; elles sont extrêmement irritables, et dans toutes les maladies qu'elles contractent on voit toujours prédominer des symptômes nerveux. La plupart du temps leurs maladies sont absolument nerveuses. Les personnes de ce tempérament sont généralement maigres; la prédominance du système nerveux empêche que les autres organes, et surtout ceux de la digestion, fonctionnent parfaitement.

Le tempérament sanguin résulte de la prédominance de l'appareil circulatoire et de l'organe de la respiration. Chez les personnes de ce tempérament, le sang est en trop grande abondance, il est en outre trop riche en principes alibiles. Ces personnes ont généralement le teint très-animé, les vaisseaux sanguins très-prononcés, la poitrine large et des formes athlétiques; elles sont douées d'une grande vivacité et d'une grande mobilité physique et morale.

Le tempérament bilieux est caractérisé par la prédomiuance de l'appareil de la digestion et par le grand développement d'un organe important qu'on nomme le *foie*. Les personnes de ce tempérament ont généralement la peau brune, couverte de poils, leurs cheveux sont noirs et rudes, leurs muscles sont fortement prononcés; elles sont irascibles et douées d'une grande énergie physique et morale.

Le tempérament lymphatique est celui des enfans et de la plupart des femmes. Les personnes qui ont cette prédominance du système lymphatique à un très-haut degré, ont la peau décolorée, les chaires molles, leurs cheveux sont d'un blond plus ou moins clair; elles sont sans force physique comme sans énergie morale, elles sont peu actives et présentent parfaitement l'image de la faiblesse.

Ces prédominances que nous venons d'énumérer se rencontrent bien rarement d'une manière exclusive chez tel ou tel autre individu; elles existent presque toujours simultanément en se modifiant mutuellement, delà une infinité de tempéramens neutres dont l'étude est de la plus grande importance pour le médecin praticien.

6. Les *dispositions héréditaires* modifient aussi considérablement les règles de l'hygiène dans leur application à la conservation de la santé. Elles doivent alors avoir pour but de combattre certaines aptitudes à contracter telle ou telle maladie, que nous avons apportées en naissant. Il faut, quand on se trouve dans ce cas, se placer, autant

que faire se peut, dans des conditions différentes de celles qui environnaient nos parens et qui leur avaient fait contracter la maladie qui s'est transmise en grande partie par le canal de la génération. Les personnes aussi malheureusement nées, doivent d'autant plus combattre ces prédispositions fâcheuses, qu'il est important de rompre le cours de ces transmissions de maux. Un des meilleurs moyens est de s'unir avec des individus absolument exempts de ces mêmes infirmités ; c'est par ces motifs que nous voyons la plupart des législateurs défendre les alliances entre parens, et il faut recommander, pour les hommes comme pour les animaux, le *croisement des races*.

CHAPITRE II.

Des agens de la vie organique. Des alimens.

7. Deux actes principaux constituent la vie organique : par le premier, l'individu assimile à sa propre nature les corps qui sont propres à sa subsistance ; par le second, il rejette hors de lui ce qui de ces corps n'a pas été assimilé. La digestion, la respiration et la circulation sont des actes d'assimilation. Les sécrétions et les excrétions sont les fonctions par lesquelles la nature se débarrasse de ce qui lui est inutile. Les alimens et les boissons sont les agens hygiéniques de la digestion ; l'air atmosphérique est l'agent hygiénique de la respiration et de la circu-

lation. Les agens hygiéniques des excrétions et des secrétions sont en trop grand nombre pour que nous les énumérions ; nous en parlerons en temps et lieu.

8. La *digestion* est une fonction éminemment réparatrice. Nous avons vu (*Voy.* le *Traité de Physiologie.*) qu'elle se compose de plusieurs actes qui se succèdent selon que cette fonction s'exerce bien ou mal. On lui voit exercer sur toute l'économie une influence favorable ou fâcheuse. Les personnes qui digèrent mal, qui ont un mauvais estomac, sont apathiques, chagrines, irritables, hypocondriaques; elles ont en général peu de force physique. Les bonnes digestions, au contraire, assurent au corps la force, l'énergie et la santé, et donnent au moral un calme parfait, à l'esprit, de la lucidité et d'heureuses impulsions.

9. *Des alimens.* Les alimens sont les substances qui, soumises à l'action de l'estomac, lui cèdent les parties assi-

milables et entretiennent la vie; ils sont fournis par le règne végétal et le règne animal, le règne minéral ne fourni guère que quelques assaisonnemens. Les parties les plus nutritives dans les végétaux, sont les *fécules*, le *sucre* et le *mucilage;* la *gélatine*, l'*albumine* et la *fibrine*. Le *caséum* (matière du fromage) et l'*osmazome* sont les parties presque entièrement assimilables, qu'on rencontre dans les substances animales.

10. *Des alimens tirés du règne végétal.* Nous distinguerons cinq ordres dans ces alimens : 1° les alimens végétaux où l'acide prédomine; 2° ceux qui renferment le sucre dans de grandes proportions; 3° les alimens qui contiennent de grandes quantités de fécule amylacée; 4° ceux dans lesquels prédominent le mucilage et la gomme; 5° les alimens végétaux dans lesquels les huiles fixes sont en quantité notable; 6° ceux enfin qui contiennent une substance végéto-animale.

11. *Première classe.* On range dans cette classe les *citrons*, les *limons*, les *oranges*, les *groseilles*, les *framboises*, les *mûres*, et toutes les espèces de *cerises*, les *pommes*, les *poires* et l'*oseille*. Tous ces alimens dans lesquels divers acides prédominent, sont rafraîchissans, mais très - peu nourrissans. La nature les a répandus en profusion dans les contrées brûlantes; dans les climats tempérés, on ne les voit mûrir qu'au moment des grandes chaleurs. Toutes ces substances contiennent du sucre et du mucilage dans diverses proportions. Elles sont, du reste, d'autant moins dangereuses et d'autant plus nourrissantes qu'elles contiennent plus de sucre et plus de mucilage.

12. *Deuxième classe.* C'est dans la *canne à sucre* et dans la *betterave* que le sucre se trouve dans les proportions les plus considérables; aussi est-ce de ces substances qu'on l'extrait pour nos usages journaliers. Les autres fruits,

où le sucre prédomine, sont les *figues*, les *dattes*, les *raisins*, les *prunes*, les *abricots*, les *pêches*, les *fraises* et toutes les *espèces de melons*. Dans tous ces fruits le sucre est combiné dans des proportions variables, avec la fécule, le mucilage et les huiles. Ainsi associé le sucre est nourrissant, mais peu réparateur; il favorise la digestion des substances auxquelles il est uni naturellement ou artificiellement. Tous les fruits que nous venons d'énumérer sont rafraîchissans, un peu relâchans lorsqu'ils sont frais. Plusieurs sont susceptibles d'être desséchés, alors ils sont plus nourrissans, mais un peu plus pesans; ils n'en sont pas moins toujours un aliment salubre. Le *miel* doit être compris dans cette classe d'alimens; c'est une substance bien connue, qui, dans les temps de cherté du sucre, est employée aux mêmes usages; il est légèrement laxatif.

13. *Troisième classe*. Les plantes qui renferment la fécule amylacée

sont extrêmement nombreuses et répandues sur toutes les parties du globe. Parmi ces végétaux les plus connus sont le *blé*, l'*orge*, l'*avoine*, le *seigle*, le *riz*, le *maïs*, le *sarrasin*, les *marrons*, les *châtaignes*, les *pommes de terre*, les *haricots*, les *fèves*, les *lentilles*. Quelques fécules nous sont apportées des pays étrangers, tels sont le *salep*, le *sagou*, le *tapioca*, l'*arrawroot*. Les fécules, extraites de toutes les substances que nous venons d'énumérer, forment un aliment doux, éminemment réparateur et non excitant; elles nourrissent beaucoup sous un petit volume et sont de très-facile digestion. Cependant les fécules fournies par les légumineuses, les haricots, les fèves, les lentilles, sont beaucoup plus difficiles à digérer que les autres. Il faut avoir un estomac excellent pour les manger impunément. Plusieurs de ces fécules sont combinées avec une substance fermentescible, très-nourrissante, ayant une grande analogie avec les substances animales; on la nomme *gluten*. La fécule fournie par le blé et quelques autres céréales, unie au gluten, fait la base du pain, de cet aliment indispensable qu'on retrouve chez presque tous les peuples, même chez ceux qui sont le moins civilisés. Le pain de froment est le meilleur; la farine de seigle, ajoutée dans de faibles proportions, n'en altère point la bonne qualité. Les pains de seigle, d'orge et d'avoine, sont plus lourds et moins nourrissans. Le bon pain doit être léger et pour un petit poids présenter un gros volume, bien cuit; la croûte doit en être cassante, et la mie percée d'une infinité de petits trous; il doit être plus ou moins blanc, savoureux et d'une odeur agréable. Mangé chaud, le pain est plus difficile à digérer, c'est celui cuit de la veille qui doit être préféré. On prépare d'autres pâtes de froment qu'on fait sécher sans fermentation, tels sont le *vermicelle*, la *semoule*, le *maca-*

roni. Ces pâtes sont employées cuites dans l'eau, le lait ou le bouillon.

14. *Quatrième classe*. On trouve du *mucilage* et de la *gomme* dans la *carotte*, la *scorzonère*, le *salsifis*, la *betterave*, l'*asperge*, les diverses espèces de *choux*, la *laitue*, l'*épinard*, la *mâche*, l'*artichaut*, le *topinambour*, le *cardon* et le *potiron*. Tous ces alimens qui renferment plutôt du mucilage que de la gomme, sont faciles à digérer, mais ils sont peu nourrissans et relâchans. Parmi toutes ces plantes potagères que nous disons être faciles à digérer, il faut distinguer le chou qui n'offre point un aliment aussi sein. Le chou fermenté avec le sel et le genièvre, quoique très-recherché par les Allemands (la chou-croûte) n'en est pas moins un mets très-indigeste. La gomme qui découle des abricotiers, qui nous est si abondamment fournie par le *mimosa nilotica*, est une substance très-nutritive, s'il est vrai que les Arabes et les Maures en emportent

de grandes provisions dans leurs caravanes, et qu'elle leur tient lieu, la plupart du temps, de toute autre nourriture. Quoi qu'il en soit, il n'en est pas moins certain que la gomme prise comme seul aliment, serait insuffisante pour entretenir la vie de l'homme pendant un long laps de temps.

15. *Cinquième classe*. Il faudrait pouvoir comprendre, dans cette classe, un grand nombre de substances animales; car il est bien remarquable qu'il existe une analogie parfaite entre les graisses, les huiles fournies par les substances animales, et les graisses, les huiles qu'on extrait des végétaux. Celles-ci sont fournies par l'*olive*, l'*amande douce*, les *noix*, les *noisettes*, les *faînes*, les *graines du pavot*, du *colza*, de la *navette*; enfin le *cacao* fournit une espèce de graisse qu'on nomme *beurre de cacao*. Les graisses et les huiles sont généralement d'une digestion difficile; elles sont relâchantes et même purgatives. Aussi la plu-

part du temps ne sont-elles employées que dans les préparations de nos alimens végétaux et animaux. La substance la plus employée à cet usage, dans les contrées un peu septentrionales, est le *beurre*. En Provence, en Italie, et surtout en Espagne, on fait plus habituellement usage de l'huile d'olive. Les huiles et les graisses se conservent bonnes assez difficilement: leur exposition à l'air les fait rancir, elles contractent alors un goût désagréable, et acquièrent des propriétés éminemment nuisibles. Les huiles rances ne sauraient être introduites dans notre économie, sans les plus grands dangers. Parmi les substances oléagineuses, nous avons mentionné le *cacao*, mais il mérite une mention toute particulière. Cette substance exotique est composée d'une fécule abondante, combinée avec une substance grasse, onctueuse, d'une saveur douce et d'une odeur agréable. Cette substance que nous avons nommée beurre de cacao, peut être séparée de la fécule, à l'aide de la chaleur; elle se fige par le refroidissement. En torréfiant le cacao, le broyant et le mêlant au sucre, on prépare ce qu'on nomme *chocolat*, qui offre aux personnes délicates et convalescentes, un aliment salubre et facile à digérer pour la plupart des estomacs. En aromatisant le chocolat avec la canelle, la vanille, on peut le rendre excitant.

16. *Sixième classe.* Les alimens qui renferment une substance végéto-animale, sont les *morilles*, les *champignons* et les *truffes*. Ces substances sont très-nourrissantes, mais elles sont d'une digestion extrêmement difficile. Nous n'avons pas besoin de dire combien est difficile à faire le choix des bons champignons; ceux de couche sont les seuls qui puissent être mangés avec une entière sécurité.

CHAPITRE III.

Suite du chapitre précédent. Des alimens tirés du règne animal.

17. C'est le règne animal qui, sans contredit, fournit les alimens les plus réparateurs, et leur usage est le régime le plus fortifiant qu'on puisse suivre. Mais ce régime est-il essentiel à l'homme, pour qu'il acquiert une grande force physique? On peut opposer, à cette opinion, les habitans des campagnes d'un grand nombre de nos provinces, qui se nourrissent, la plupart du temps, de végétaux, et qui cependant sont doués d'une grande force physique; toutefois il faut faire observer qu'ils ne se nourrissent

point exclusivement de végétaux, et qu'ils mangent de la viande au moins une fois par semaine.

18. Dans les substances animales, cinq principes seuls sont nutritifs. Ce sont, comme nous l'avons dit (9), la gélatine, la fibrine, l'albumine, le caséum et l'osmazome; ces principes se rencontrent dans des proportions variables, dans les diverses espèces de viandes. La *fibrine* est en abondance dans le sang; très-nourrissante, elle résisterait à l'action de l'estomac, si on l'employait seule. L'*albumine* n'est pas moins nourrissante que la fibrine, mais elle est moins excitante; sa digestibilité varie suivant le degré de cuisson qu'on lui a fait subir. La glaire des œufs est de l'albumine pure. La *gélatine* se rencontre dans toutes les viandes en diverses proportions. Les chairs des jeunes animaux en contiennent beaucoup; aussi sont-elles excitantes. Mais ces chairs deviennent indigestes quand la gélatine y est en trop grande

proportion, comme la chose arrive dans les très-jeunes animaux. La gélatine pure ne serait digérée que très-difficilement; il faut lui adjoindre quelque aromate. Le *caséum* est la matière qui domine dans le fromage. C'est un manger éminemment excitant, et on en fait usage après le dîner, pour exciter la digestion. L'*osmazome*, enfin, est de tous les principes animaux, le plus réparateur et le plus digestible; elle se trouve surtout dans la chair musculaire des animaux adultes.

19. Les diverses parties des animaux sont plus ou moins réparatrices, plus ou moins digestes, selon qu'elles contiennent les principes précédens dans des proportions variables. Les *cervelles*, les *ris*, les *poumons* (*mou de veau*), qui sont en grande partie formés d'albumine, ont les propriétés de ce principe; ils sont de facile digestion. Le foie et la rate, qui contiennent aussi beaucoup d'albumine, sont

cependant beaucoup plus difficiles à digérer, ce qui tient sans doute à leur contexture serrée. La même observation est à faire pour les *reins*, qui sont encore d'une digestion plus difficile. La *peau* et les *intestins* (*fraises de veau*) contiennent beaucoup de gélatine; ce sont des alimens adoucissans et de facile digestion. Le *tissu graisseux* est très-nourrissant, mais de très-difficile digestion; on ne le supporte qu'associé au *tissu musculaire*; celui-ci est extrêmement nourrissant et généralement d'une digestion facile. Les *muscles*, qui forment la plus grande partie des animaux, sont composés de gélatine, d'albumine, de fibrine et d'osmazome. Les *os* fournissent maintenant, grâce aux travaux de la chimie moderne, un aliment précieux, c'est la gélatine qu'on en extrait à l'aide de certains procédés. Le *sang*, comme nous l'avons dit, est presque exclusivement composé de fibrine; il est très-indigeste, et l'abus du *boudin*, aliment dans la composition duquel il entre presque seul, donne lieu à une affection assez grave de l'estomac, connu sous le nom de *fer chaud*.

20. Les différences que nous avons établies pour les diverses parties des végétaux, existent pour les divers animaux dont les chairs ont des propriétés infiniment variables. Nous modifions ces propriétés par divers procédés que nous allons indiquer rapidement. La chair des animaux sauvages a un goût fort que n'a pas celle des mêmes animaux vivant dans l'état de domesticité. Celles des trop jeunes animaux et de ceux trop avancés en âge sont peu substantielles : les premières sont insipides et visqueux, les secondes sont dures, coriaces, dépourvues de sucs. La chair des femelles est plus tendre et plus délicate que celle des mâles ; nous donnons à celle-ci des qualités analogues par la castration. On change aussi la qualité de certaines chairs par le genre

d'alimentation auquel on soumet certains animaux. Les chairs de la plupart des animaux récemment tués, de ceux, surtout, qui vivent à l'état sauvage, sont dures. On les rend plus faciles à digérer et plus agréables au goût en leur faisant subir un commencement de décomposition; c'est ce qu'on exprime par le mot *faisander*, parce que la chair du *faisan* a besoin d'un degré assez avancé de *mortification* pour être bonne au goût.

21. Nous allons maintenant énumérer les divers animaux qui fournissent à notre alimentation.

Le *bœuf* (c'est le *taureau coupé*) fournit une chair très-riche en matière nutritive, qu'on mange bouillie, rôtie ou en ragoût. Le *veau* est le jeune taureau; sa chair est plus tendre, plus légère, plus digestible; elle n'est nullement excitante, elle est même relâchante pour plusieurs personnes. Elle est employée rôtie, grillée, cuite à l'étuvée ou en ragoût.

Le *mouton* (le *bélier coupé*) a une chair plus douce, plus succulente que celle du bœuf; elle se mange comme cette dernière. La chair d'*agneau* a une grande analogie avec celle du veau; elle est plus délicate.

Le *cochon* a une chair encore plus douce; elle est très-succulente, mais fort difficile à digérer. Elle ne convient qu'à peu d'estomac, et les médecins l'interdisent dans tous les régimes qu'ils imposent. Tous les législateurs orientaux en ont proscrit l'usage. Les peuples septentrionaux, les hommes adonnés à des travaux très-durs, les habitans de nos campagnes, se nourrissent de cette chair si réfractaire, qu'il faut qu'elle soit fortement épicée pour exciter l'action de l'estomac. Ces considérations nous montrent combien toute la chaircuiterie est indigeste. Le jeune *porc* (*cochon de lait*), quoique présentant une chair visqueuse et gélatineuse, est cependant aussi fort indigeste.

Le *sanglier* est encore plus indigeste que le porc : sa chair a un goût sauvage qu'on corrige en la faisant *mariner*. On fait subir cette opération, qui consiste à la faire tremper dans du vinaigre ou de la saumure, à toutes les viandes sauvages. La *hure* seule du sanglier est très-usitée.

Le *chevreuil* a une chair analogue à celle du mouton, sauf le goût sauvage. Cette chair a besoin d'être faisandée.

Le *lièvre* est un aliment agréable : sa chair, comme toutes les viandes noires, est excitante *, mais cependant de facile digestion.

La chair du *lapin*, plus blanche,

* Toutes les viandes ont pour principe constituant l'*azote* (*Voyez* le *Traité de chimie inorganique.*), et on retrouve ce corps simple dans les végétaux qui contiennent une substance végéto-animale. Plus les viandes sont noires, plus elles sont azotées, et conséquemment excitantes. L'usage de ces viandes très-azotées donne la pierre.

moins azotée, est fort peu excitante; elle se digère facilement, et est assez savoureuse. Tout le monde sait que le lapin de garenne, qui se *nourrit de thym et de serpolet*, est d'un goût plus délicat que le lapin domestique, que nous *nourrissons avec du choux et des verts de carotte*.

22. Les oiseaux fournissent aussi un grand nombre de mets variés à l'homme. Leurs habitudes imposées ou naturelles modifient les qualités de leur chair. Les oiseaux qui volent beaucoup ont la chair dure et coriace; ceux, au contraire, qui volent peu, comme toutes les *gallinacées*, ont la chair tendre et savoureuse. Nous rendons leurs chairs encore plus délicates en les chaponant ou en leur donnant, dans nos basses-cours, une nourriture très-abondante.

Le *coq*, qu'on ne mange que quand il est encore fort jeune (c'est le *poulet*), le *chapon* (le coq coupé), la *poule*, qui n'a pas encore pondu, engraissés, sont un mets excellent. Leur chair, peu excitante, est de très-facile digestion. Le *dindon* a une grande analogie avec le poulet; cependant sa chair est moins savoureuse et plus dense.

La *pintade*, le *faisan*, le *canard domestique* et *sauvage*, l'*oie*, le *pigeon domestique*, le *pigeon ramier*, l'*alouette* (*mauviette*), la *caille*, l'*ortolan*, la *gelinote*, l'*outarde*, la *perdrix rouge* et *grise*, la *grive*, le *merle*, le *coq de bruyère*, le *pluvier doré*, le *râle d'eau*, la *bécasse*, la *bécassine*, l'*étourneau*, le *cul-blanc*, les *vaneaux*, les *bec-figues*, les *passeraux*, la *poule d'eau*, la *sarcelle*, ont une chair délicate, noire, excitante. Plusieurs de ces animaux doivent être faisandés.

Tous ces oiseaux se mangent rôtis, en ragoût ou en pâté; cette dernière manière est la plus indigeste.

23. Les *poissons* n'offrent pas un moins grand nombre de mets que les oiseaux. La chair de tous les poissons d'eau douce est moins réparatrice que

celle des quadrupèdes et des oiseaux : elle est d'une très-facile digestion ; celle des poissons de mer est plus riche en principes nutritifs, et dans quelques-uns elle est même indigeste. Cette chair est composée essentiellement de gélatine, d'albumine et de graisse ; ce sont ceux où la graisse prédomine qui sont le plus indigestes. Le poisson doit être mangé presque aussitôt sa sortie de l'eau ; la *raie*, seule, a besoin d'un commencement de décomposition pour être tendre. Leurs habitudes changent la nature de leur chair ; et ceux qui habitent les étangs, les mares, le limon des rivières, sentent la bourbe, sont fades, nauséabondes et difficiles à digérer. On mange le poisson grillé, frit ou en ragoût. La partie la plus recherchée du poisson est la *laitance*. La chair du poisson peut être fumée ou salée ; alors elle se conserve, mais elle est plus excitante et plus difficile à digérer.

La chair de l'*esturgeon* est fort

grasse, d'un goût relevé, consistante, difficile à digérer. On prépare, avec les œufs de ce poisson, un mets très-recherché en Russie, et qu'on nomme *caviar*.

L'*alose*, le *barbeau*, la *brême*, la *bordelière*, la *vandorse*, ont une chair fade de facile digestion; celle de l'alose est la plus délicate.

Le jeune brochet est un manger excellent, le vieux brochet a la chair ferme, succulente; elle est difficile à digérer. Le *saumon* a une grande analogie avec le brochet, il est d'un goût plus délicat; on le mange frais ou salé; il faut donner la préférence au saumon frais.

L'*ombre*, la *perche*, la *truite*, le *goujon*, l'*éperlan*, la *carpe*, la *lotte*, la *tanche*, le *merlan*, offrent une chair d'un goût exquis, et de très-facile digestion; celle de la *truite saumonée* est la plus délicate.

L'*anguille* a la chair extrêmement savoureuse; mais comme elle est très-grasse, elle est de très-difficile digestion ; souvent elle sent la bourbe. On la mange habituellement avec un assaisonnement fort relevé.

La *morue* se mange fraîche ou salée; on en fait une énorme consommation; sa chair compacte est très-nourrissante, mais de très-difficile digestion, surtout quand elle est salée. La *raie* a quelque analogie ; elle ne se mange que quand elle a été gardée quelque temps. Le *maquereau* est d'un bon goût, mais il est aussi d'une digestion difficile.

Le *merlan* est le moins nourrissant de tous les poissons ; sa chair blanche et légère est presque exclusivement consacrée à la nourriture des malades et des convalescens.

Le *hareng frais* est un manger assez délicat et d'assez facile digestion, mais le *hareng pec* et le *hareng saur* demandent des estomacs de fer. L'*anchois*, la *sardine*, le *thon*, poissons qu'on fume et qu'on marine, sont plutôt des assaisonnemens que des alimens.

Le *turbot* et la *sole* ont une chair blanche, ferme et succulente et d'une digestion facile. Ce sont les poissons qui nous offrent le mets le plus agréable au goût et le plus sein. La *limande*, le *carrelet* et la *dorade*, moins délicats, prennent cependant rang après ces deux excellens poissons.

Faut-il ranger dans les classes des poissons, la *tortue*, la *grenouille*, l'*écrevisse*, le *homar*, la *langouste*, la *chevrette*. Ces divers animaux ont une chair ferme, savoureuse, nourrissante et d'une digestion assez facile. La grenouille doit être placée au premier rang de digestibilité, et le homar au dernier.

On doit toujours regretter que l'*huître* ne soit point à un aussi bas prix que la *moule*. La première est un des mets les plus faciles à digérer, et la présence de l'osmazome qui y a été reconnue dans ces derniers temps, explique pourquoi elle est si nourrissante. La moule, beaucoup moins digeste, offre un mets peu agréable; elle incommode fortement un grand nombre de personnes.

L'*escargot* (limaçon de vigne) offre un manger d'un goût exquis, très-digeste et très-recherché dans le midi de la France.

24. Il faut comprendre parmi les substances animales, consommées par l'homme, comme aliment, les *œufs*, le *lait*, le *beurre*, et toutes les espèces de *fromages*. Il est peu de substance alimentaire, qui, sous un plus petit volume, offre une plus grande portion assimilable que l'œuf; il devient cependant indigeste quand l'albumine (le blanc d'œuf) est absolument coagulée par une cuisson trop prolongée: les œufs sont une des plus grandes ressources de l'art culinaire; il n'est pas de mets qu'on mange sous un plus grand nombre de formes.

Le *lait*, cette première nourriture de tous les quadrupèdes, offre toujours à l'homme un aliment agréable. Ses qualités varient selon l'animal qui le fournit et le régime auquel il est soumis. On ne fait usage que du lait des herbivores ; celui des animaux carnivores a un goût fort et une odeur désagréable. Le lait abandonné à lui-même se sépare en *crême* avec laquelle on fait le *beurre*, en *caséum*, base de tous les fromages, et en un liquide albumineux qu'on nomme *petit lait*, qui est une boisson très-rafraîchissante et un peu nourrissante. Moins le lait contient de crême et de caséum, moins il est nourrissant à la vérité, mais aussi plus il est adoucissant. Le lait de la femme tient le premier rang, viennent ensuite le lait de la jument et celui de l'ânesse, qui ont la plus grande analogie avec celui de la femme. Ces trois espèces de lait sont éminemment adoucissantes, et les bons effets obtenus de leur emploi, long-temps prolongé, ne sont nullement exagérés. Le lait de vache est plus nourrissant; il fournit beaucoup de crême et de caséum ; c'est le plus usité *. Le lait de chèvre est celui qui contient le plus de caséum, c'est le plus nourrissant. Le lait est réparateur et d'une digestion facile; il n'est nullement excitant, et les personnes qui ne le digèrent pas font exception. La meilleure manière d'en faire usage est de le prendre récemment trait. On le mange bouilli, mais il est alors un peu moins digeste.

Comme nous l'avons dit précédemment, le *beurre* sert plus dans l'art culinaire que comme nourriture; cependant on le mange, mais en petite

* Un médecin très-distingué de la capitale a, dans ces derniers temps, confirmé un fait connu depuis long-temps, mais trop négligé, que les vaches étaient très-sujettes aux tubercules, que presque toutes celles nourries dans les grandes villes sont tuberculeuses; cette observation a fait naître cette question importante à résoudre, de savoir si l'usage du lait fourni par une vache tuberculeuse, long-temps prolongé, ne pouvait point occasioner la *phtysie tuberculeuse.*

quantité, autrement il serait très-difficile à digérer. Les fromages sont tous un mets excitant (excepté cependant les fromages à la crême), dont on doit faire un usage très-modéré.

CHAPITRE IV.

De la préparation des alimens, des assaisonnemens.

25. Il est fort peu d'alimens que nous ne soumettions à quelque préparation, avant de les introduire dans notre économie. Cette préparation ne devrait jamais avoir qu'un seul but, celui d'attendrir ces alimens, de développer en eux les principes sapides et nutritifs, et conséquemment de les rendre plus digestes. Mais l'*art culinaire* existe plutôt pour leur communiquer des saveurs agréables propres à exciter notre sensualité; et la recherche est sur ce point poussée si loin, qu'elle va jusqu'à nous faire manger

des substances qu'un goût encore vierge repousserait avec horreur.

26. Le mode de préparation le plus général est la *coction*, qui peut presque absolument changer la nature des substances alimentaires, au point de les rendre bonnes à manger, de nuisibles qu'elles étaient. C'est ce qui arrive dans la cuisson d'un grand nombre de légumes, opérée par l'entremise de l'eau bouillante. La viande se fait cuire aussi de cette façon. L'eau se charge alors des principes alibiles de la viande; c'est ce qu'on nomme *bouillon*, avec lequel on fait les potages. Le bouillon rapproché par une lente évaporation, constitue le *consommé*. C'est en rapprochant encore davantage le consommé, qu'on parvient à faire les *tablettes de bouillon*. Le bouillon est une excellente nourriture. On mange aussi les viandes qui ont servi à faire ce bouillon; mais, il faut le dire, c'est un aliment peu agréable au goût, et fort peu nourrissant. Les viandes cui-

tes à l'*étuvée*, en *daube*, dans les *pâtés*, sont tendres, savoureuses et très-nourrissantes; n'oublions pas de dire que rien n'est plus indigeste que la croûte des pâtés. Mais les deux modes de préparation qu'il faut préférer pour presque toutes les viandes, et pour plusieurs espèces de poissons, est de les faire *griller* ou *rôtir*. Les viandes ainsi cuites conservent tous leurs sucs, toute leur saveur. La plupart du temps elles sont plus digestes, elles sont toujours plus nourrissantes. La *friture* est un mode de cuisson qui rend les substances alimentaires de difficile digestion. Cependant le poisson frit est un manger excellent, mais il faut rejeter tout ce qui a été directement atteint par la graisse bouillante. Viendrait ensuite la longue énumération des *ragoûts*, des *sauces*, inventés pour exciter notre appétit, s'il était convenable d'entrer dans de semblables détails. Ces espèces de mets doivent être employées avec précaution, leur usage habituel est dangereux.

27. La conservation des alimens mérite aussi toute notre attention, en ce sens que presque tous les moyens de conservation employés jusqu'à ce jour sont dangereux. Pour conserver les viandes, certains poissons, on les *fume*, on les *sale*, d'autres sont plongés, pendant un temps plus ou moins long, dans le vinaigre; d'autres sont placés dans des vases bouchés, et on les couvre ensuite de graisse. Tous ces procédés font des viandes ainsi préparées, un aliment indigeste, dont l'usage long-temps prolongé n'est pas sans danger. On parvient également à conserver les substances végétales, les unes par la dessication, les autres en les plongeant dans la saumure, le vinaigre ou bien l'huile. On conserve les fruits en les combinant avec le sucre, ou en les faisant confire dans l'eau-de-vie, également avec addition de sucre.

28. Les vases qu'on emploie pour la

préparation des alimens, doivent aussi attirer notre attention. Les vases de terre sont sans danger; mais la terre s'impreigne des sucs qui découlent des objets qu'on y fait cuire, et ils sont très-rapidement sales. Ceux en porcelaine *apyre* offrent toute sécurité, mais, par la casse, ils finiraient par être d'un prix trop exorbitant. On se sert le plus habituellement de vases en cuivre. Tout le monde sait combien ils sont dangereux, parce qu'il s'y forme promptement du vert de gris (*acétate de cuivre*). L'étamage, dont on a coutume de les recouvrir, n'offre point assez de sécurité, parce qu'il s'use fort vite, de sorte qu'il faut les faire étamer très-fréquemment. On a voulu essayer l'étamage avec le zinc; il est plus solide, à la vérité, mais il est dangereux. La chose préférable est de doubler le cuivre d'argent, ou de platine; c'est surtout ce dernier métal qu'il faut préférer à cause du peu d'action que les acides ont sur lui. Il faut malheureusement regretter qu'il soit encore d'un prix si élevé.

29. *Des assaisonnemens*. Les assaisonnemens sont un moyen de rendre un aliment d'un goût plus agréable et plus digeste. S'ils n'étaient employés que dans ce seul but, on pourrait recommander leur usage. Mais en général ils ne sont employés que pour exciter notre sensualité, et renouveler sans cesse notre appétit expirant; leur usage devient alors plus que pernicieux, et notre estomac, accoutumé à cette stimulation continuelle, se voit dans la nécessité d'augmenter sans cesse la dose de stimulans, jusqu'à ce qu'il tombe dans un dépérissement absolu.

30. Parmi les assaisonnemens, les plus dangereux sont ceux qu'on désigne sous le nom d'*épices*. Ce sont des substances pour la plupart exotiques, qui sont plus ou moins aromatiques. Toutes ces substances contiennent une huile volatile très-âcre, qui, ap-

pliquée sur la peau, la *rubéfie ;* cet effet explique bien celui produit sur l'estomac. Les épices sont principalement nuisibles, dans les pays chauds, aux jeunes gens, aux personnes robustes, d'un tempérament sanguin, aux personnes nerveuses; elles le sont beaucoup moins pour celles qui ont un tempérament mou ou lymphatique. Ces substances sont :

31. La *canelle* et le *gingembre ;* leur saveur est suave et leur goût est sucré et légèrement styptique;

Les *clous de girofle* ont aussi un parfum fort agréable, mais leur saveur est âcre et brûlante;

Le *poivre* a une odeur vive et pénétrante; sa saveur est extrêmement âcre, il brûle la bouche et s'attaque à la gorge;

La *vanille ;* rien de suave comme l'arome de la vanille; sa saveur est presque nulle; il en faut de très-petites quantités pour aromatiser d'assez grandes masses;

Le *sel* est le plus utile et le plus bienfaisant de tous les assaisonnemens; en petite quantité, il favorise la digestion des substances alimentaires. Son abus serait dangereux, et nous avons signalé le danger des viandes salées;

Le *vinaigre*, les sucs des *verjus* et des *citrons* sont des condimens dont l'usage modéré est agréable et avantageux, mais leur abus est aussi fort dangereux. Toutes ces substances confites dans le vinaigre n'ont d'autres propriétés que celles mêmes du vinaigre.

32. Nous possédons aussi nos assaisonnemens indigènes, mais ils sont bien moins énergiques, tels sont : le *laurier à sauce*, le *thym*, l'*estragon*, le *cumin*, le *fenouil*, le *cerfeuil*, le *persil*, le *romarin*, le *serpolet*; d'autres sont plus énergiques et leur usage est moins innocent que celui des précédentes substances, tels sont : la *moutarde*, le *raifort*, l'*ail*, l'*ognon*, le *poireau*, la

ciboule, la *civette* et l'*échalotte*. Ces végétaux associés, en quantités convenables, à certains alimens, en favorisent la digestion. Quant au sucre et au miel, nous ne saurions rien dire de plus que ce que nous avons déjà dit (12). Associés aux alimens, ces deux corps en favorisent la digestion, ils forment en outre la base d'une infinité d'objets de consommation préparés par les pâtissiers et les confiseurs.

CHAPITRE V.

Des boissons.

33. On ne devrait donner le nom de boissons qu'à tout liquide destiné à contenter le besoin de la soif; il n'en est rien et il existe grand nombre de boissons qui irritent ce besoin, bien loin qu'elles le satisfassent. Le nombre des premières est extrêmement borné, le nombre des secondes varie à l'infini. On nomme *boissons aqueuses*, les premières; *boissons alcooliques*, les secondes. On a écrit et on écrit tous les jours qu'on devrait absolument s'abstenir de celles-ci. Telle n'est point notre opinion pour le *vin*, le *poiré* et le *cidre*, et encore d'autres boissons al-

cooliques. Nous répéterons à ce sujet une phrase bien connue et qui renferme un principe plus philosophique qu'on ne pense. *Pourquoi ne point user des dons de la Providence?*

34. *De l'eau et des boissons aqueuses.* L'eau est la boisson la plus abondamment répandue dans la nature. C'est la plus naturelle, c'est la plus saine, c'est la plus généralement en usage. La bonne eau doit contenir beaucoup d'air atmosphérique en dissolution; elle doit donc être légère, savoureuse, elle doit bien cuire tous les légumes secs et bien dissoudre le savon. Les eaux qui ne sont point aérées, qui contiennent des sels de chaux, sont crues, nauséabondes et malsaines; on constate la présence de ces sels par le *nitrate de chaux* et l'*hydrochlorate de baryte*. (*Voy.* le *Traité de Chimie inorganique.*) Celles qui tiennent des matières animales ou végétales en dissolution, sont dangereuses, et leur usage dans certains pays donne

lieu à des fièvres intermittentes endémiques dans ces pays. Souvent on est obligé de purifier les eaux : pour cela on les filtre à l'aide d'une pierre à filtrer, ou en leur faisant traverser des couches de charbon réduit en poussière. Ce dernier mode de purification, ainsi que la distillation, la prive entièrement d'air; les eaux de neige, de glacier, sont dans le même cas; ces eaux sont indigestes. Les meilleures eaux sont celles de rivières, quand elles coulent sur un fond de sable et qu'elles sont entassées de façon à ne pas recevoir les alluvions des terres voisines; les eaux de pluie et conséquemment celles de citerne, ne sont pas moins bonnes, quand elles ont été recueillies avec les soins convenables. L'eau se conserve indéfiniment si elle reste en contact avec l'air; quand elle est renfermée, elle se corrompt assez rapidement; cependant elle se conserve assez long-temps, renfermée dans des caisses en fonte de fer, ou dans des tonneaux dont l'intérieur est recouvert d'une couche de charbon pilé. Nous devons signaler comme cause accidentelle d'altération de l'eau, la présence du vert de gris en dissolution ; ce qui a lieu quand on a mis l'eau en réserve dans des vases de cuivre.

35. L'eau forme la base d'une foule de boissons fort usitées dans divers pays. Un grand nombre se préparent par la dissolution du sucre dans l'eau avec addition d'un acide végétal, tel que le vinaigre, les jus de citron, d'orange, de groseille, de framboise. On peut aussi mêler des amandes pilées et on obtient ainsi une boisson agréable (trop *froide* pour un grand nombre d'estomac), connue sous le nom de *lait d'amande*. L'eau peut encore être le véhicule de principes tout différens que ceux que nous venons de signaler, telles sont les infusions de *thé* et de *café*. Ces substances sont éminemment excitantes ; elles communiquent à l'eau cette propriété.

36. L'effet le mieux connu de l'eau sur notre économie, c'est celui de calmer la soif sitôt qu'elle est introduite dans notre économie; nous ne pensons pas qu'il existe de liquide qui remplisse mieux cet objet. L'abus de l'eau débilite nos organes à moins qu'on ne fasse usage d'une nourriture un peu excitante, dont l'eau contrebalance alors les fâcheux effets. L'eau agit différemment sur notre économie, selon qu'elle est chaude ou froide; chaude, elle excite l'estomac : froide, elle est éminemment désaltérante : de là, l'usage des *glaces* et des *boissons glacées* dans le moment des grandes chaleurs. Il faut dire que ces glaces, prises en trop grande quantité, peuvent occasioner le *cholera-morbus*. En effet, il faut se garder, quand toute la chaleur vitale se porte à la peripherie, de ne pas trop refroidir les organes digestifs qui manquent déjà de tonicité. Les boissons acidulées sont aussi très-propres à calmer la soif; celles qui contiennent

trop de sucre et de mucilage, sont moins rafraîchissantes en ce sens qu'elles sont nourrissantes.

37. *Les boissons alcooliques* sont : le *vin*, produit de la fermentation du suc de raisin. Les vins contiennent de l'eau et de l'alcool dans des proportions variables, du mucilage, du sucre, un principe végéto-animal, un peu de tanin, une matière colorante, à peine existante dans les vins blancs, de l'acide acétique, de l'acide carbonique. (Cet acide se trouve en grandes proportions dans les vins mousseux.)

Le *cidre* et le *poiré*, produits de la fermentation du suc des pommes ou des poires, contiennent les mêmes principes que le vin, mais dans des proportions différentes ; l'eau y est en plus grande quantité, l'alcool en moindre.

La *bierre* résulte de la fermentation d'une décoction d'orge germée à laquelle on ajoute du houblon. Les bierres varient et contiennent diverses quantités d'alcool. La *petite bierre* est celle qui en contient le moins, c'est une boisson absolument rafraîchissante. Elle tourne très-aisément à l'aigre; c'est alors une boisson nuisible. La *bierre double* contient beaucoup plus d'alcool; prise en trop grande quantité elle peut enivrer. La *bierre forte* et le *porter* (bierre anglaise), produiraient bien plus sûrement cet effet.

L'*eau-de-vie* n'est vraiment point une boisson; cependant, comme il en est fait un trop grand usage, nous en devons parler; c'est le produit de la distillation du vin; c'est un composé d'eau, d'alcool et d'une matière colorante. Le *rhum* est le produit de la distillation de la mélasse, le *kirschenwasser* provient de celle des cerises, et le *rack* de celle du riz, et une infinité d'autres dont l'énumération deviendrait fastidieuse. Tous ces liquides contiennent de l'alcool dans des proportions variables qu'on reconnaît à l'aide de l'alcoomètre de Gay-

Lussac; quand elles marquent plus de 24°, elles cessent d'être potables.

38. Les *vins* varient à l'infini par leur saveur, leur couleur, leur consistance, leur odeur qu'on nomme *bouquet*. On divise les vins en, 1° vins acides; 2° vins doux et sucrés; 3° vins âpres et astringens; 4° vins légers. Les vins blancs sont plus légers que les vins rouges, ils sont moins alcooliques. Les vins épais sont difficiles à digérer, ils sont nourrissans au point de pouvoir, pour quelque temps, remplacer une nourriture solide. L'âge, comme tout le monde le sait, amène de grands changemens dans les vins. Les vins vieux sont plus agréables au goût et plus favorables à notre économie. L'influence du climat sur la qualité des vins, est immense. Il est démontré que les vins contiennent d'autant plus d'alcool qu'ils sont recueillis dans des contrées plus voisines de l'équateur. Ils deviennent de

plus en plus, légers et acidules, à mesure qu'on s'avance vers le nord.

38 *bis*. Nous allons donner le tableau des proportions d'alcool sur cent parties de diverses boissons.

Vin de Madère. . . .	22. 17.
— de Xérès.	19. 17.
— de Malaga. . . .	18. 94.
— muscat du Cap .	18. 95.
— de l'Ermitage . .	17. 43.
— de Roussillon. . .	19. 00.
— de Lunel.	15. 52.
— de Sauterne. . .	14. 22.
— de Bourgogne . .	16. 60.
— du Rhin.	14. 37.
— de Champagne .	13. 80.
— de Grave	13. 14.
— de Frontignan. .	12. 79.
— de Côte-Rôtie. .	12. 32.
— de Tokay	9. 88.
Cidre.	9. 87.
Poiré	7. 26.
Hydromel.	7. 32.
Ailc d'Angleterre. . .	6. 87.

Bière forte	6. 80.
Porter de Londres . .	4. 20.
Petite bière.	1. 28.
Eau-de-vie	53. 39.
Rhum.	53. 68.
Genièvre	51. 60.
Whiskey d'Écosse . .	54. 32.
— d'Irlande. .	55. 90.

39. Le premier effet d'une boisson qui contient de l'alcool dans des proportions convenables, le vin, par exemple, est de produire sur l'estomac une sensation de chaleur agréable; cette sensation se réfléchit rapidement sur tous les autres organes, et surtout sur le cerveau, de là un sentiment d'exaltation générale et modérée, si le stimulant a été pris dans une quantité convenable; mais pris en trop grande quantité, il cause un trouble dans les fonctions, bien connu sous le nom d'*ivresse*. Ce trouble varie en raison des doses du stimulant et de la susceptibilité de l'individu. L'usage

immodéré des boissons alcooliques anéantit les facultés intellectuelles de l'homme intempérant, l'abrutit entièrement; cet effet sera d'autant plus sûrement produit qu'on fera usage de boissons plus alcooliques. Mais est-ce à dire, parce que l'abus du *vin* produit d'aussi fâcheux résultats, qu'on doive absolument s'en abstenir, et que l'homme n'en puisse pas faire presque sa boisson habituelle; ceci serait une grave erreur : c'est en effet dans les pays vignobles que nous rencontrons les plus fréquens exemples de longévité, et surtout de belles vieillesses. Nous n'entendons cependant pas dire qu'on puisse faire un usage habituel des vins très-alcooliques, tels que le vin de Madère, de Malaga ou des liqueurs spiritueuses, telles que l'eau-de-vie, le rhum; nous ne pensons point ainsi, et nous croyons que les vins les moins chargés d'alcool sont les seuls qui puissent convenir comme boisson ordinaire. Nous devons signaler ici une mauvaise manière de faire usage des boissons alcooliques, c'est de les boire le matin absolument à jeun. Cependant l'usage de boire le vin blanc le matin est avantageux dans les pays où règne une température extrêmement humide, mais il faut commencer par prendre quelque aliment solide.

40. Les vins s'altèrent spontanément; ils tournent à l'aigre, au gras, à l'amer. Le vin aigre est seul dangereux. Les marchands altèrent aussi les vins, et cette altération est mille fois plus dangereuse que celle qui s'opère naturellement. Ils altèrent leurs vins par addition de l'eau, rien certes n'est plus innocent; mais il n'en est pas de même des moyens employés dans divers buts. En indiquant l'ingrédient ajouté dans un but quelconque, nous indiquerons, entre parenthèse, le moyen de le reconnaître. On arrête la fermentation acide par la *potasse* (qui est précipitée en farine par l'hydrochlorate de platine), la chaux (l'oxalate d'am-

moniaque y forme un précipité non soluble dans l'acide nitrique). Quand les vins sont tournés à l'aigre, on se sert, pour les rétablir, de *litharge* (précipité noir par l'eau hydrosulfurée et les hydrosulfates). Le vin peut encore contenir du cuivre (une lame de fer bien décapée, trempée dans la liqueur, dénote la présence du cuivre). C'est le résultat de la négligence des marchands qui se sont servis de vases de cuivre. Il existe d'autres moyens de falsification, mais ils ne sont pas absolument dangereux; cependant il est désagréable, quand on croit boire du jus de raisin, de ne boire qu'un amalgame mal fait d'alcool, de sucre et d'une matière colorante quelconque.

CHAPITRE VI.

De la respiration et de la circulation; des agens hygiéniques de ces deux fonctions.

41. La *respiration*, comme nous l'avons appris dans le *Traité de Physiologie*, est un acte par lequel un organe, destiné à cet usage, s'empare d'une certaine portion d'un des gaz constituant de l'air atmosphérique, pour changer les caractères chimiques du sang, qui, continuellement poussé vers les extrémités par le cœur, revient ensuite vers cet organe; et toujours ainsi tant qu'il y a vie; c'est cette seconde fonction qui a reçu le nom de *circulation*. Les agens hygiéniques de ces

deux fonctions, non moins importantes à l'entretien de la vie que la digestion, ont pour agens hygiéniques l'*air atmosphérique*, le *calorique*, la *lumière* et l'*électricité*.

42. Nous n'entretiendrons pas nos lecteur des propriétés physiques et chimiques de l'air, nous les renverrons aux *Traités de Physique* et *de Chimie*. Nous avons aussi dit que cet air, introduit dans les vésicules pulmonaires, par l'acte de la respiration, était mis en contact avec le sang veineux, et qu'il lui cédait une partie de son oxigène, pour en faire un sang rouge et excitant d'un sang noir et stupéfiant qu'il était. L'air atmosphérique joue donc un rôle bien important dans l'acte de notre vie; ses propriétés physiques et chimiques infiniment variables, doivent en conséquence exercer une grande influence sur notre santé. L'air atmosphérique peut être plus ou moins pur, plus ou moins chaud, plus ou moins humide; il

peut être chargé de quantités variables d'électricité.

43. Les proportions des composans de l'air ne varient jamais, en tant que nous le considérons libre, mais la chose a lieu différemment dans les lieux clos; dans ces conditions, l'air n'étant pas renouvelé, les proportions d'oxigène doivent diminuer, tandis que les proportions d'azote restent les mêmes et que celles du gaz acide carbonique augmentent; la conséquence de cette viciation de l'air est l'*asphyxie*. L'air est encore vicié par les émanations animales qui s'échappent des corps des individus renfermés. Cette dernière variation peut avoir lieu pour l'air libre, qui devient alors le véhicule des principes léthifères. C'est l'air ainsi vicié par les exhalations qui s'élèvent d'immenses amas de matières végétales ou animales en putréfaction, qui très-probablement donnent lieu à la *peste*, à la *fièvre jaune* et à une infinité de *fièvres intermittentes*.

44. Dans un air pur, à une température moyenne (15° centig. environ), toutes nos fonctions se font bien, la digestion est facile et régulière, la circulation est active, la respiration s'exécute avec aisance, l'absorption est dans de justes bornes, ainsi que l'exhalation et les sécrétions. Quoique notre corps soit toujours à une température de 32°, cependant nous sommes très-sensibles aux changemens de température; à 20° l'air peut être considéré comme chaud, il exerce alors une action stimulante sur nos organes, toute la chaleur se porte à la périphérie, aussi les digestions deviennent-elles plus lentes, tandis que les sécrétions cutanées sont très-augmentées. La respiration accélérée, accélère la circulation, le sang est poussé avec plus de force vers le cerveau, les poumons; aussi la saison chaude est-elle le temps des apoplexies. Il y a propension au sommeil, besoin de repos, parce que les solides sont relâchés. Les chaleurs

sont contraires aux personnes irritables, à celles qui ont un tempérament bilieux ou sanguin, elles sont au contraire favorables aux personnes d'un tempérament lymphatique, à celles qui sont affectées de scrophules, du scorbut, ou qui sont tourmentées par des rhumatismes.

45. Un air sec et frais ou froid même, agit d'une manière toute différente sur notre économie; il est à la vérité débilitant à cause de sa température, mais comme la périphérie du corps est incessamment refroidie, la chaleur se concentre; l'estomac acquiert alors une énergique activité, et cette activité se communique au cerveau, aux membres; c'est dans cette saison qu'on ressent le plus le besoin du mouvement: mais il faut dans ces basses températures pouvoir bien se vêtir, pour être en mesure contre l'action débilitante du froid. Le temps sec et froid en concentrant la vie, doit nécessairement

favoriser les inflammations des organes intérieurs et surtout celle des poumons; les sécrétions étant diminuées, on devient plus sujet aux pléthores sanguines et conséquemment aux hémorrhagies. Cette température convient aux personnes d'un tempérament bilieux, et à celles d'un tempérament nerveux; elle est contraire aux tempéramens lymphatiques, aux nouveaux-nés, aux vieillards, aux convalescens; chez ces individus la vie n'a pas assez d'activité pour résister à l'action débilitante du froid. Nous pensons qu'il est inutile d'insister sur cette action débilitante, il n'est personne qui ne sache que le froid extrême détermine la mort d'une ou de plusieurs parties du corps, et souvent même celle de l'individu. En examinant les effets de l'air chaud et ceux de l'air froid sur notre économie, nous n'avons entendu parler que de l'air sec; il nous faut examiner maintenant les effets d'un air chaud, humide, et ceux d'un air froid, humide.

46. L'humidité est relâchante; aussi l'air chaud et humide nous abat-il bien plus rapidement que l'air sec et chaud. Dans un air humide et chaud, toutes nos fonctions languissent, tous nos tissus tombent dans l'atonie; nous sommes affaiblis et par les transpirations abondantes excitées par la chaleur et par l'action relâchante de l'humidité. La soif est peu intense, l'appétit presque nul, on digère extrêmement mal. Cette condition atmosphérique est nuisible à toutes les personnes délicates, dont la fibre est molle, aux tempéramens lymphatiques, aux femmes, aux enfans, aux scrophuleux. Elle est supportée par les personnes d'un tempérament très-sanguin, par celles qui ont un tempérament bilieux et nerveux tout à la fois; elle ne convient enfin qu'aux personnes qui ont la poitrine extrêmement irritable. L'air chaud et humide favorise la fer-

mentation putride des grands amas de matières animales ou végétales ; aussi une atmosphère chaude et humide est-elle la condition la plus favorable au développement de la peste, de la fièvre jaune et d'une infinité de fièvres intermittentes plus ou moins graves.

47. L'humidité froide ne convient à personne ; son action sur notre économie est toujours fâcheuse. En effet, en même temps que nos organes sont relâchés par l'humidité, ils sont débilités par le froid. Le relâchement produit par l'humidité, empêche la réaction des organes contre l'action débilitante du froid. La transpiration s'opère d'une manière irrégulière, souvent elle se supprime complétement. Les digestions sont lentes et se font mal.

Les habitans des pays froids et humides, ont les sensations obtuses, l'imagination peu vive ; ils sont disposés aux fièvres intermittentes, aux rhumatismes, au scorbut, aux engorgemens des glandes, aux hydropisies. Il faut contrebalancer les fâcheux effets du froid humide par l'usage des vêtemens chauds, d'alimens excitans, de boissons alcooliques.

48. Ces diverses manières d'être de l'atmosphère plus ou moins stables dans différens pays, constituent les *climats* de ces pays, et donnent certaines constitutions aux habitans de ces pays. Les climats les plus fâcheux sont ceux où l'état de l'atmosphère est très-variable; ces variations produisent sur l'économie un effet d'autant plus fâcheux qu'elles sont plus brusques; elles sont en effet peu dangereuses quand elles s'opèrent lentement, parce que notre économie s'habitue peu à peu à ce changement; ainsi on observe peu de maladies quand le cours des saisons s'opère régulièrement. Sa transition la plus fâcheuse est celle du chaud au froid très-humide, c'est la cause occasionelle du plus grand nombre de maladies. Aussi dans l'hiver ne

aurait-on prendre trop de précautions quand on sort d'un lieu chaud pour entrer dans l'atmosphère froide et humide de cette saison.

CHAPITRE VII.

Des moyens de se préserver de l'action des agens extérieurs.

49. L'HOMME, par son industrie, trouve les moyens de se préserver des fâcheux effets des agens qui l'entourent. Ces moyens sont les habitations qu'il se construit et les vêtemens dont il se recouvre.

Une habitation saine doit être placée sur un sol situé au-dessus du niveau des eaux voisines ; le plancher du rez-de-chaussée doit être élevé de deux pieds au moins au-dessus du sol. La façade principale sera tournée vers l'orient ; elle sera, de cette manière, abritée contre les vents impétueux et les ouragans qui viennent du nord et de l'ouest; elle aura aussi plusieurs ouvertures, fenêtres et portes, tournées vers le sud, afin de donner accès aux vents frais qui soufflent de l'est et à la chaleur solaire toujours bienfaisante. Les appartemens en seront vastes et munis de grandes croisées, afin qu'on puisse facilement y renouveler l'air. C'est surtout les pièces où l'on couche qui doivent être les plus vastes, et rien n'est plus contraire à la santé que de dormir dans de profonds alcoves, et entouré de doubles et triples rideaux. Les lieux d'aisance doivent être placés le plus loin possible des lieux habités, parce que rien au monde n'excerce sur l'homme une influence plus fâcheuse que les exhalaisons qui s'élèvent de ces lieux. L'isolement des habitations est encore une des grandes conditions de salubrité; cette condition est fort peu remplie dans les grandes villes, aussi il n'existe pas de séjours plus malsains, et on peut les appeler la *providence des médecins.*

5o. Les *vêtemens* sont des tissus végétaux ou animaux dont nous nous recouvrons pour nous préserver de l'action fâcheuse des agens extérieurs. Ces tissus sont de laine, de soie, de coton, de chanvre ou de lin; ils sout appropriés aux formes de notre corps. Les tissus de laine ou de soie sont les plus chauds, parce qu'ils sont les plus mauvais conducteurs du calorique (*Voy.* le *Traité de physique des corps impond.*); de sorte qu'ils mettent plus efficacement obstacle à la déperdition de notre calorique. Les tissus végétaux sont beaucoup moins chauds; parmi ces derniers, les tissus de coton sont les moins froids. Ces tissus sont d'autant plus chauds qu'ils sont plus fins, qu'ils forment une couche plus épaisse et que leur couleur se rapproche le plus du blanc. Une condition importante des tissus dont nous nous couvrons, c'est d'entretenir la transpiration insensible, en s'en imbibant au fur et à mesure qu'elle se dégage, c'est ce que fait merveilleusement bien la laine; de là les avantages immenses de porter de la laine immédiatement sur la peau; c'est un usage qui sera un jour généralement adopté dans tous les pays où la température est variable, où il pleut souvent, et où, surtout, on a à redouter les froids humides. Les vêtemens doivent être amples, ils doivent aussi laisser le libre usage de nos membres, ils doivent permettre à nos organes de fonctionner librement dans les cavités qui les contiennent. Pour la saison chaude, ils devront être très-amples et ouverts de tous côtés, afin que l'air s'y renouvelle facilement; dans la saison froide, au contraire, ils seront un peu moins amples et bien fermés à toutes leurs extrémités.

51. Le *feu* est un des grands moyens de se préserver du froid, de l'humidité, et de renouveler incessamment l'air renfermé dans nos appartemens. Le feu doit être entretenu dans un

appareil qui donne le plus de chaleur possible, mais qui ne donne en même temps ni fumée, ni acide carbonique, produits bien connus de la combustion. Comme la combustion ne s'opère dans un foyer qu'à l'aide de l'air de la chambre où est placé cet appareil, il faut de temps en temps le renouveler en ouvrant la porte ou les fenêtres; mais ce renouvellement en général s'opère assez activement par les fissures de ces mêmes portes et fenêtres. Le meilleur mode de chauffage est celui qu'on se procure par les anciennes cheminées à la Desarnot. Ces cheminées sont munies de ventouses qui vont chercher un air frais à l'extérieur; mais cet air, avant de pénétrer dans l'appartement, tourne autour de l'appareil de chauffage, et ne pénètre dans l'intérieur, qu'après avoir été bien échauffé, de sorte que ces appareils fournissent un air chaud et toujours nouveau. Les calorifères à air chaud ou à la vapeur sont encore préférables, et surtout ces derniers : c'est un mode de chauffage qui finira sans doute par être généralement adopté.

CHAPITRE VIII.

Des exhalations, des sécrétions, des excrétions et des agens hygiéniques de ces fonctions.

52. La vie de l'homme est un abrégé de l'organisation de l'univers; *composition* et *décomposition*, telles paraissent être les deux seules vues de la nature. Jusqu'ici nous avons vu l'homme ne travailler qu'à composer, qu'à assimiler à sa propre nature divers corps; mais il nous faut signaler un second ordre de fonctions, qui consistent à éliminer tout ce qui devient impropre à la conservation de notre être. Cette élimination se fait, pour ainsi dire, en deux fois; il y a d'abord

séparation des parties devenues hétérogènes, puis entretien de ces parties. Cette élimination n'est point un acte moins important que l'assimilation, et la santé n'est que le rapport parfait entre ces deux fonctions opposées. Deux grandes surfaces sont chargées de l'élimination, l'une est la peau, l'autre toutes nos membranes muqueuses.

53. La peau est le siége d'une double sécrétion, qui ne cesse qu'avec la vie ou dans le cas de maladie. La première est un fluide sébacé, huileux, qui donne à la peau sa douceur, sa souplesse, son velouté. Cette humeur est plus abondamment sécrétée sur toutes les parties qui sont recouvertes de poils. Dans toutes les parties de notre corps où la peau se plisse, et surtout dans celles où de larges surfaces cutanées sont en contact immédiat, cette humeur est toujours odorante; chez certains individus, cette odeur est insupportable; chez les gens

peu soigneux elle s'amasse à la surface des parties qui la sécrètent le plus abondamment, s'y concrète, s'altère, et ne tarde point à agir comme corps irritant, et peut donner lieu à des affections cutanées, quelquefois fort graves. La seconde sécrétion, non moins importante, est la transpiration cutanée, qu'on nomme *transpiration insensible*, dans l'état le plus habituel, et *sueur* dans l'état d'excitation. Cette transpiration insensible est tellement abondante, que sur huit livres d'alimens solides pris dans le courant d'un jour, cinq sont évacuées par cette voie. C'est un fluide aqueux qui s'échappe sous forme de vapeur, en déposant à la surface de notre peau diverses substances salines.

54. Ces deux sécrétions exigent des soins hygiéniques de la plus haute importance. Ces soins sont le renouvellement des tissus qui couvrent immédiatement la peau, l'entretien de nos cheveux, de toutes les parties velues,

de nos ongles, les bains, les lotions et plusieurs autres pratiques que nous indiquerons rapidement. On porte habituellement sur la peau des tissus de lin ou de coton. Ils sont destinés à absorber l'humeur et la sueur. Les tissus en laine, les flanelles, par exemple, remplissent infiniment mieux ce but. Mais ces tissus deviendraient eux-mêmes des causes d'irritation, si, quand ils sont imprégnés des matières sécrétées, on ne les remplaçait par d'autres que l'eau a débarrassés de ces matières.

55. L'immersion plus ou moins prolongée dans l'eau, d'une partie et de la totalité du corps, a pour but de dissoudre les substances salines ou d'enlever les substances grasses qui se trouvent à la surface de la peau, et ces petites écailles furfuracées que forme l'épiderme en se renouvelant. Les bains, en agissant ainsi, assouplissent la peau, tiennent ouverts les vaisseaux exhalans qui sont à sa surface, et faci-

litent les deux sécrétions que nous venons de signaler. L'action des bains varie d'après leur température. Les bains froids produisent des effets différens. S'ils ne sont que d'un moment, ils deviennent toniques par la réaction qui s'opère après la sortie de l'eau; s'ils sont long-temps prolongés, ils sont affaiblissans. Cependant les bains d'eau courante sont favorables aux adultes bien constitués; ils les rafraîchissent, resserrent les pores de leur peau, et leur fournit les moyens de supporter l'action de la chaleur de l'été. Les bains tièdes sont calmans, sédatifs; ils ont tous les avantages que nous avons prêtés de prime abord aux bains. Les bains chauds produisent une vive excitation; on ne les emploie que dans certaines vues thérapeutiques. Les *lotions*, ou bains partiels, offrent les mêmes avantages que les bains; on les fait dans le même but. Nous devons fréquemment laver toutes les parties qui sont exposées à la poussière, à la salissure, celles qui sont le siége habituel des excrétions dont nous venons de parler. Les *frictions* sont un moyen puissant d'exciter l'action de la peau, surtout quand elles sont faites à la sortie du bain, après les diverses lotions que nous avons indiquées. Quant aux soins à donner aux cheveux et aux ongles, il n'est personne qui ne sache de quelle nature ils sont.

56. Les membranes muqueuses du nez, du poumon, de la bouche, de l'estomac, des intestins, sont le siége de sécrétions plus ou moins abondantes. Nous excitons la sécrétion de la morve par l'usage du tabac. Cette excitation sans cesse renouvelée, n'est pas, comme on peut bien le penser, sans de graves inconvéniens. Elle devient très-souvent une habitude tenace dont il faut être absolument esclave. Cependant cette excitation entretenue sur la muqueuse nasale, a souvent eu d'heureux résultats dans

diverses affections. La sécrétion dont la muqueuse pulmonaire est le siége, est très-influencée par l'état de l'atmosphère. Abondante dans les temps froids et humides, on la voit diminuer quand les chaleurs font augmenter les sécrétions cutanées. La salive est le produit de la sécrétion de certaines glandes, qu'on nomme glandes salivaires; elle est destinée à faciliter la digestion, elle doit donc être avalée et non point rejetée, comme le font les gens qui fument, ceux qui mâchent le tabac ou d'autres substances qui ont la propriété d'exciter les glandes salivaires. La surface des dents est aussi le siége d'une sécrétion qu'on nomme tartre, et dont il est important de purger la bouche à l'aide de l'eau et d'une brosse douce. Car la présence de ce tartre fait carier les dents et donne une haleine infecte. La muqueuse intestinale est aussi le siége de sécrétion d'un mucus abondant, qui favorise le glissement des alimens au milieu des sinuosités des intestins. La *bile*, liquide excitant, secrétée par une glande énorme qu'on nomme le *foie*, le *suc-pancréatique*, sécrété par le *pancréas*, viennent affluer dans les intestins, et facilitent l'assimilation. Quant aux parties non assimilables, elles sont rejetées au dehors comme inutiles. L'évacuation journalière des matières stercorales importe à la santé, et la constipation, comme le trop grand relâchement, sont deux affections qui demandent les secours de la médecine. Il nous reste à signaler l'excrétion des urines. Elle est d'autant plus abondante, que nous avons bu en plus grande quantité, ou que la transpiration a été plus ou moins abondante. Il est important de contenter le besoin de cette dernière excrétion, sitôt qu'il se fait sentir, car il peut résulter de grands inconvéniens de la contrainte qu'on s'impose à cet égard.

57. La femme est sujette à une double sécrétion, la première, connue

sous le nom de *flux menstruel*, a lieu tous les vingt-cinq jours. De la régularité, du plus ou du moins de cette excrétion, dépend absolument la santé de la femme. Le moment où ce flux s'établit, celui où il cesse, sont deux époques très-orageuses pour la femme. Le temps du flux menstruel est pour la femme une époque dangereuse qui se renouvelle trop souvent; car dans ce moment elle est, en général, susceptible, très-impressionnable, et le moindre événement peut arrêter cette importante excrétion, suppression qui est toujours suivie d'accidens plus ou moins graves. Le lait est la seconde sécrétion qui appartient à la femme seule. C'est bien à tort, et quant à elles et quant à leur enfant, que les femmes suppriment cette importante sécrétion; cette suppression peut-être considérée comme la cause prédisposante d'une foule de maux qui tourmentent les femmes des villes.

CHAPITRE IX.

De l'hygiène des organes de la vie de relation.

58. *Du sens de la vue.* La lumière est l'agent de la fonction de la vue; selon qu'elle est intense ou faible, son action sur l'œil varie. Ainsi l'action d'une lumière trop vive, instantanée ou long-temps soutenue, peut faire perdre la vue ou causer de graves inflammations de l'œil. Tels sont les effets produits par la lumière directe du soleil qu'on fixe trop long-temps, par celle des éclairs, par la lumière artificielle, réfléchie par des miroirs concaves, extrêmement polis ou concentrés par des verres convexes. Les soldats français ont contracté de graves oph-

thalmies en Égypte, par l'action d'un soleil brûlant, réfléchi par un sable très-blanc ; les Lapons qui vivent neuf mois de l'année dans des contrées qui sont, pendant ce long temps, couvertes de neige, perdent la vue de bonne heure par l'action de la lumière, sans cesse réfléchie par une surface si éclatante de blancheur : le blanc, par son action réfléchissante, est donc contraire à la vue. Le vert, le bleu, l'azur, mélange de noir et bleu, sont les couleurs les plus agréables à l'œil ; aussi est-il très-excellent de faire usage, dans les pays où les conditions, que nous avons signalées précédemment, existent, de verres de ces différentes nuances. Les verres azurés sont ceux qu'il faut préférer, en ce que ce sont ceux qui changent le moins les couleurs des objets *.

* M. Vincent Chevalier, opticien, quai de l'Horloge, n° 69, est l'inventeur des verres azurés dont nous recommandons l'usage pendant la saison où le soleil est dans

La lumière trop faible a des inconvéniens analogues; en effet, dans le premier cas, l'œil est lésé par une action trop vive de la lumière; dans le second cas, il se fatigue par les efforts qu'on est obligé de faire pour recueillir tous les rayons émanés des objets regardés, et pour apercevoir distinctement ces objets. L'obscurité a pour l'œil d'autant moins d'inconvéniens qu'elle est plus parfaite; mais le passage d'une obscurité profonde à celui d'une lumière faible, à l'action de laquelle notre œil s'est accoutumé pendant longues années, peut devenir extrêmement préjudiciable. L'on a vu des hommes qui, depuis longues années, vivaient dans des cachots forts obscurs, perdre la vue subitement au moment où on les rendait à la liberté et à la lumière. De

toute sa force, pour se préserver de l'action de sa lumière trop vive, et aussi de celle produite par les lampes à reverbères et de celle du gaz hydrogène.

tout ce qui précède il faut conclure que ce qui est le plus favorable au sens de la vue est une lumière modérée, et la transition lente de l'obscurité à la lumière et de la lumière à l'obscurité. Nous devrions faire choix pour vêtemens et pour ameublemens d'objets qui aient des teintes douces et agréables, et éviter dans ces mêmes objets les passages trop tranchés, d'une couleur à une autre; rejeter l'usage des corps trop blancs et ceux qui sont parfaitement noirs. Ainsi il serait bien préférable de se servir, pour écrire, d'un papier légèrement azuré que d'un papier éclatant de blancheur. Il est difficile dans notre vie sociale, telle que nous l'avons faite, que nous ne fassions point usage de la lumière artificielle; il faut que cet usage s'accompagne de quelques précautions. La lumière de la bougie est celle qu'il faudrait préférer si le prix de cette matière n'était point exhorbitant, celle produite par la combustion de l'huile est trop vive; on remédie à cet inconvénient, en l'entourant de globes en verre dépoli ou en gaz. Il faut surtout préserver la vue de l'action directe de la lumière produite par les appareils, employés pour la combustion de l'huile. Ces précautions seront d'autant plus nécessaires que la lumière produite sera plus intense : ainsi on ne saurait prendre trop de soins pour amortir la lumière produite par la combustion du gaz hydrogène percarboné.

59. La manière de vivre, ce qu'on nomme le *régime*, exerce une grande influence sur le sens de la vue. Ainsi l'abus des boissons alcooliques produit souvent la *goutte sereine* (paralysie du nerf optique). Les excès dans les plaisirs de l'amour ne sont pas moins préjudiciables à la vue que ceux dans les plaisirs de la table. Les courans d'air chaud ou d'air froid, dirigés sur l'œil, peuvent causer les ophthalmies les plus graves. La sécrétion des larmes, trop souvent excitée, affaiblit

la vue, et finit même à la longue par l'anéantir. L'action des gaz délétères qui se mêlent à l'air, peut aussi exercer sur l'œil une très-fâcheuse influence. Il n'est personne qui n'ait éprouvé les picotemens insupportables, causés par le gaz ammoniac qui se dégage des fosses d'aisances. La suspension dans l'air de petits corps qui peuvent pénétrer dans l'œil, et agir sur cet organe, et mécaniquement et par leur température, est aussi une cause de plusieurs affections graves de l'œil.

Nous ne parlerons point ici de la *miopie* et de la *presbitie*, en ayant parlé avec assez de détails dans le *traité de physique des corps impondérables*.

60. *Du sens de l'ouïe*. Il en est pour l'oreille, organe de l'ouïe, comme pour l'œil; des sons trop intenses peuvent causer l'abolition de ce sens, absolue ou momentanée : quand les canonniers quittent le service de leurs pièces après une bataille, ils sont sourds pendant plusieurs jours; quelques-uns

perdent absolument l'usage de ce sens. Les sons faibles ou le silence exercent peu d'influence sur l'organe de l'ouïe; cependant, ce sens n'étant point exercé, pourrait perdre beaucoup de sa délicatesse. On voit donc qu'il faut à l'oreille un bruit modéré, comme à l'œil une lumière douce.

61. L'oreille étant le sens qui perçoit les sons, c'est ici le lieu de parler des effets de la musique sur le moral et le physique de l'homme. Qui ne sait que, suivant son rythme, son mouvement, la manière de varier la mélodie, d'enchaîner les accords consonnans et dissonnans, on peut exciter dans notre âme les sentimens les plus opposés? La musique excite le plaisir, ou nous rend mélancoliques et tristes; elle exalte notre courage, adoucit nos passions ou les rend furieuses. Son rythme influe sur les organes du mouvement : le son du tambour et la musique rendent moins fatigantes les marches militaires. La musique a aussi

ses inconvéniens, et on l'a vue causer une exaltation vicieuse de la sensibilité chez certaines personnes extrêmement nerveuses. Le régime, les agens hygiéniques extérieurs exercent sur l'ouïe une action analogue à celle que nous avons signalée pour l'œil. Quant aux aberrations de ce sens, ils sont absolument du domaine de la *pathologie.*

62. *Des sens de l'odorat et du goûter.* Il existe entre ces deux sens une connexion tellement intime, que nous les étudierons simultanément : les substances agréables à l'odorat le sont également au goût, tandis qu'il faut presque toujours rejeter les substances qui ont une mauvaise odeur; et l'odorat est chez la plupart des animaux et même chez l'homme, la *sentinelle avancée du goût.* Les odeurs, les molécules odorantes sont perçues par la membrane pituitaire, qui est l'organe de l'odorat; les molécules sapides, par tous les nerfs qui s'épa-

nouissent sur la langue et dans l'arrière-bouche. Les odeurs, selon leurs qualités, nous affectent agréablement ou désagréablement; cette action varie d'intensité. Chez quelques personnes irritables les odeurs désagréables excitent des nausées, des vomissemens, des syncopes, des convulsions et autres phénomènes nerveux. Les odeurs agréables, dans un degré modéré d'activité, sont un doux excitant de nos passions, et surtout de la passion de l'amour. Il faut cependant se tenir en garde contre ces délicieux effets. Certaines fleurs, telles que la tubéreuse et l'héliotrope, ont une odeur tellement forte, que respirées pendant quelques heures seulement, elles peuvent causer de violentes céphalalgies, des convulsions et même l'asphyxie. Il faut se garder de tenir des fleurs odorantes dans un appartement très-clos, et surtout dans la chambre à coucher. On trouve chez l'homme des exemples de délicatesse de l'odorat aussi grande que celle des animaux; mais on ne rencontrera jamais un odorat aussi exquis chez les individus qui font usage du tabac en poudre. Le sens de l'odorat se différencie à l'infini pour chaque individu; et il faut dire *qu'il ne faut pas plus disputer des odeurs, que des goûts et des couleurs.*

63. Le *sens du goûter* nous fait apprécier la qualité et la sapidité des alimens. Ce sens est susceptible de perdre de sa délicatesse par l'usage des alimens de très-haut goût, mais il peut acquérir un degré de finesse dont on se fait difficilement idée, et rien n'est plus étonnant que la sagacité de certains *gourmets*, pour reconnaître le crû de différens vins. Ce sens nous est d'une grande utilité pour notre conservation; car, en général, plus même que les odeurs, les saveurs répondent de la qualité des alimens qu'on veut ingérer dans son estomac, et je conçois difficilement qu'on se laisse empoisonner par cette voie; cepen-

dant, le fruit de la belladone, qui est un poison actif, a l'apparence et à peu près le goût de la cerise. Les plaisirs du goût sont peu compatibles avec la santé, la longévité et la grandeur morale. On ne voit que des hommes tempérans pousser une longue carrière et conserver jusqu'à la fin l'usage de leurs facultés physiques et intellectuelles. Il est rare qu'un gourmand soit un grand homme, c'est presque toujours un égoïste et un petit esprit. Il y a une chose fort remarquable, c'est que le sens du goût survit à tous les autres, et quand, chez le vieillard, tous les autres sens sont abolis, on voit le goût conserver toute son énergie, en acquérir même une nouvelle, et fournir un dédommagement de toutes les pertes que fait la vieillesse.

64. Le *toucher* n'est pas le moins important de nos cinq sens; il nous sert à rectifier les erreurs des autres sens et surtout celles de la vue; par lui nous apprécions bien la forme, la

consistance, le poids, la température et le mouvement des corps. Ce sens est répandu sur toute la surface de notre corps et même il existe dans notre intérieur, il est partout. Cependant c'est la main qui paraît plus spécialement chargée de l'exercer. La peau étant donc le siége du toucher, il est bon qu'elle soit dans de certaines conditions pour qu'il s'exerce bien. Il faut que l'épiderme qui préserve la peau du contact de l'air soit douce, peu épaisse, débarrassée de tout corps étranger, dont la présence pourrait diminuer ou abolir sa sensibilité. On conserve à l'épiderme ces propriétés par les lotions, les bains tièdes, par les vêtemens qui, selon les saisons, la préservent de l'action du froid ou de celle des rayons du soleil brûlant. C'est le sens qui est le plus susceptible du plus grand degré de perfection, puisqu'on affirme que des aveugles sont parvenus à reconnaître au tact des couleurs bien tranchées.

65. Tous ces différens organes ont un centre commun, qui préside aux fonctions qu'ils sont chargés de remplir; ce centre commun est le *cerveau* (*Voyez* le *Traité de Physiologie.*), point de départ d'un appareil dont les ramifications s'étendent dans toutes les parties du corps, et que nous avons nommé *système nerveux*. Cet appareil a aussi son *hygiène*; et comme il paraît hors de doute que le cerveau, centre du système nerveux, est le siége de l'intelligence, rien n'est plus intéressant que de conserver à cet organe et à tout le système auquel il préside, l'intégrité de ses fonctions. Tous les excès sont contraires à la conservation d'un parfait état moral du système nerveux; mais parmi les excès il faut mettre au premier rang, l'usage immodéré des boissons alcooliques *, les abus des plaisirs vénériens, et enfin l'abus des

* Il résulte des recherches statistiques sur la ville de Paris et sur le département de la

plaisirs de la table. L'étude peut aussi, quand elle est suivie avec trop de zèle, diminuer, anéantir même les facultés intellectuelles qu'elle tendait à agrandir. L'excès d'étude peut amener l'épuisement du système nerveux; elle détruit l'estomac, abat la force musculaire et vous plonge dans un état de souffrance qui ressemble à la mélancolie. Un usage modéré de toutes les fonctions, dont la série compose notre vie, une honnête aisance dont on sait se contenter, une sensibilité tempérée par la raison, l'habitation d'un climat tempéré, la tranquillité de l'esprit, le calme de l'âme; l'exercice des sentimens généreux et bienveillans sont incontestablement des conditions indispensables, pour que le système nerveux soit en bonne santé.

Seine, par M. le comte de Chabrol, que l'ivrognerie est chez les hommes la cause de plus du dixième de la folie.

66. Les *passions* exercent une influence bien grande et facile à oomprendre sur le système nerveux. Le premier effet à signaler est celui que produit l'exercice de cette faculté du cerveau qu'on nomme *intelligence*. Le sang afflue alors vers le cerveau qui augmente ce volume, et devient plus apte à l'exercice des fonctions intellectuelles. Mais alors continuellement excité, il est exposé à toutes les maladies propres au centre du système nerveux; par cette exaltation les autres organes pâtissent; il paraît que c'est surtout ceux de la génération; et on a remarqué que les hommes toujours absorbés dans les études profondes sont peu aptes à la reproduction. Les passions ont aussi leur siége très-probablement dans le cerveau; l'influence qu'elles exercent sur la santé est en raison de leur caractère. Ainsi les passions douces et gaies excitent modérément le cerveau; tous les systèmes, toujours sous la dépendance du sys-

tème nerveux, sont dans un état de calme et de bien-être. La circulation et la respiration surtout s'exécutent largement, et quand le cœur et le cerveau fonctionnent parfaitement, il est rare qu'il n'en soit pas de même pour tous les autres organes. Tout va changer, si ces passions agréables s'exaltent; le cerveau et le système nerveux s'exaltent aussi ; on est dans une agitation continuelle, qui à la vérité n'est pas pénible, mais qui n'en est pas moins une agitation ; plus de sommeil, jamais de repos : toutes les facultés intellectuelles, l'imagination surtout, acquièrent une énergie remarquable. Cette exaltation qui élève l'homme au-dessus de lui-même, peut, si elle dure plus long-temps que les organes ne peuvent la supporter, devenir la source d'une infinité de maux : la circulation acquiert une activité effrayante ; aussi, cet état, quand il devient habituel, cause surtout l'*anévrisme* du cœur. Les passions tristes exercent une influence toute fâcheuse, toute débilitante. Le cerveau est lourd, les facultés intellectuelles s'amoindrissent, les sens deviennent moins aptes, toutes les fonctions de la vie organique languissent; ceux de la locomotion ne tardent point à s'en ressentir; ils deviennent faibles et ne peuvent plus bientôt servir à l'individu, qui recherche alors non point le repos mais l'immobilité; car du repos il n'en a pas plus que du sommeil; la respiration est pénible, haletante, la circulation est irrégulière. Tous ces fâcheux symptômes peuvent encore s'aggraver et les résultats probables d'un semblable état trop long-temps prolongé, sont la mort ou l'aliénation mentale. Ces passions, lorsqu'elles sont excitées subitement et à un très-haut degré, peuvent produire instantanément les accidens que nous venons de décrire, et l'on a des exemples de morts subites causées par une nouvelle extrêmement heureuse, ou par l'annouce trop précipitée d'une grande catastrophe.

67. L'hygiène offre à l'homme de nombreux moyens de calmer ses passions et de leur donner une meilleure direction. Il faut que l'homme trop exalté fasse usage d'un régime absolument adoucissant; il faudra qu'il s'abstienne de vin et mange beaucoup de légumes aqueux; l'homme mélancolique, au contraire, pourra avoir une alimentation légèrement excitante. Un exercice modéré, et le grand air, respiré dans des localités saines, une température douce, sont des conditions extrêmement favorables au développement des facultés intellectuelles, tout en maintenant le cerveau dans un état normal. On peut dire en définitif que tout ce qui est bon pour le corps l'est aussi pour l'esprit, tant est intime la connection qui existe entre le physique et le moral. C'est au médecin praticien à savoir tirer un bon parti de l'influence du moral sur le physique, et souvent des paroles

consolantes ont fait plus que toute la *batterie de cuisine du pharmacien.*

68. Le *sommeil* est le repos du système nerveux ; en effet, pendant que celui-ci est momentanément anéanti, tous les autres systèmes sont toujours en activité : cette activité, cependant, est moindre ; la transpiration cutanée seule est augmentée. Existe-t-il quelque chose de plus bienfaisant qu'un sommeil paisible, d'une durée convenable et dans des localités saines. Rien n'est moins réparateur qu'un sommeil agité. La durée du sommeil dépend de nos occupations plus ou moins pénibles et de notre organisation. Le sommeil trop long dispose à la mollesse et à la nonchalance, trop peu de sommeil a les inconvéniens d'une excitation trop prolongée. Le moment du sommeil est la nuit ; cependant dans les pays chauds, il est bon de prendre un peu de repos au moment de la grande chaleur. Nous pensons que le terme moyen du temps du sommeil, est de

sept à huit heures pour les hommes sains, et neuf heures pour les hommes débiles et les femmes. La chambre où l'on se livre au sommeil sera grande, bien aérée, éloignée de toute cause de bruit; elle sera doucement chauffée en hiver. En été, la température en devra être fraîche; le lit ne sera ni trop mou, ni trop chaud; il sera disposé de manière que la tête soit plus haute que le reste du corps; les pieds seront très-couverts, la tête pas ou presque pas. Il est important que le corps soit libre de toute ligature. Qui veut avoir un sommeil vraiment réparateur, ne se couchera jamais après des excès de boire ou de manger. Les rêves, les cauchemars, sont souvent causés par une mauvaise digestion.

CHAPITRE X.

De l'hygiène des organes de la locomotion.

69. Les organes qui nous mettent en rapport immédiat avec les objets extérieurs, organes qu'on a nommés de *locomotion*, sont soumis, dans leur exercice, aux règles de l'hygiène. La *voix*, ce moyen d'exprimer nos pensées, acquiert plus de fermeté, plus de facilité, devient plus expressive par un exercice modéré; on peut, par ce moyen, guérir le bégaiement contre lequel les moyens chirurgicaux ont été insuffisans. Mais un usage excessif de l'organe producteur du son, peut produire l'extinction de voix, des hémorragies plus ou moins graves, et di-

verses autres affections du poumon et du larynx. Les cris, qui sont une modification excessive de la voix, peuvent donner lieu aux maladies que nous venons d'énumérer. On a vu assez souvent les cris trop long-temps prolongés, occasioner des syncopes, des attaques d'apoplexie; c'est donc avec raison que les mères doivent faire tous leurs efforts pour calmer leurs enfans, qui crient avec un acharnement qui peut leur devenir préjudiciable. Il en est de la voix, comme de tous les organes des sens, tous les excès lui portent un tort réel. Il paraît que l'excès des plaisirs vénériens est celui qui peut lui être le plus préjudiciable, et personne n'ignore que les chanteurs de profession sont obligés à une grande tempérance sur ce chapitre. L'air exerce, comme on doit bien le présumer, une très-grande influence sur un organe qui est toujours en contact avec lui; l'air froid et humide est celui qui peut altérer le plus l'organe de la voix;

celle-ci n'est jamais plus sonore que dans un air dense par une température froide et sèche. Les chanteurs n'aiment point à exercer leur talent dans une atmosphère très-échauffée, dont l'air plus dilaté, vibre conséquemment avec moins d'intensité.

70. La *marche*, le *saut*, la *course*, exercent les muscles des membres inferieurs. La *marche* imprime à tous les organes de la région inférieure du corps, des secousses légères qui favorisent leur développement; elle accélère la circulation et la respiration, elle est encore plus favorable à la santé quand on exerce simultanément les membres supérieurs. L'exercice de ces membres est très-favorable en ce qu'elle favorise le développement de la poitrine, agrandit cette cavité et facilite le jeu des poumons. La marche produit encore de plus grands bénéfices quand elle s'exécute dans des lieux agréables, par une température douce et dans une atmosphère pure.

Le *saut* exerce les muscles des membres inférieurs d'une manière plus active. Cet exercice répété, donne de la force, de la légèreté et de l'adresse. La *course* a des inconvéniens que n'ont pas la marche et le saut. La fréquence extrême de la respiration, l'accélération des battemens du cœur, l'état de contraction dans lequel sont tous les muscles, rendent cet exercice extrêmement pénible. Cet exercice violent peut déterminer des hémorragies pulmonaires, des anévrismes du cœur, des ruptures du diaphragme, des hernies; la course donne au corps de la légèreté, de la grâce et de la vigueur; mais trop souvent répétée, elle amène un grand amaigrissement du corps.

CHAPITRE XI.

De la gymnastique.

71. La gymnastique était en très-grand honneur chez les anciens, et c'était avec raison, car les exercices nombreux auxquels ils se livraient, contribuaient puissamment à fortifier la santé, à développer la force et les grâces du corps. L'effet le plus immédiat d'un exercice, est de fortifier la partie du corps qui s'y livre plus spécialement; cette partie, en acquérant de la force, acquiert aussi une précision d'exécution plus ou moins parfaite. Il est difficile ensuite que cette excitation, communiquée à une partie du corps, ne se transmette pas aux autres organes, qui viennent nécessai-

rement participer plus ou moins à cet accroissement de vitalité. L'appétit est plus vif, les digestions sont plus faciles, la respiration plus large, les sécrétions et les excrétions plus abondantes; les sens aussi, et surtout celui qui est particulièrement en activité dans le genre d'exercice qu'on fait, acquièrent de la finesse et de la sagacité. La gymnastique cependant a quelques inconvéniens. En effet, développant dans le cerveau la partie de cet organe qui préside à la contractilité, celles où résident les facultés intellectuelles sont beaucoup moins excitées. Aussi est-il rare de trouver ces facultés bien développées chez les hommes qui brillent par une grande adresse dans les exercices du corps. Le médecin praticien parviendra à affaiblir, par les exercices physiques, une prédominance trop grande de l'intelligence.

72. Certaines conditions hygiéniques sont favorables au développement des qualités physiques. Une

excitation modérée des organes de la digestion donne de la vigueur, de la souplesse aux muscles. Un air sec et pur, une température froide, mais sèche surtout, les pays montueux, les bains froids, activent la contractilité musculaire. La violation des lois de l'hygiène affaiblit sans cesse et anéantit à la longue la contractilité musculaire. La femme a peu de force physique, celle-ci se trouve dans son plus grand degré d'énergie chez l'homme adulte. Les individus qui jouissent de la plus grande force physique sont ceux qui sont d'un tempérament bilieux (5), et ensuite ceux d'un tempérament sanguin. Les personnes nerveuses ont généralement peu de force physique. Nous allons maintenant énumérer rapidement les exercices auxquels l'homme civilisé se livre, nous les diviserons en *exercices actifs* et *exercices passifs*.

73. La *marche*, le *saut*, la *course*, dont nous venons de parler (70), sont

compris dans les *exercices actifs.* La *danse* doit aussi y prendre son rang. Elle pourrait bien être un exercice fort utile, pour la beauté du corps dont elle fait développer les formes et leur donne de la grâce, mais ce n'est pas cet exercice tel que nous le prenons, qui peut avoir d'aussi heureux résultats. Quel bénéfice retirera-t-on de la danse quand on s'y livre de nuit, dans des appartemens bien clos, où l'on ne respire que de l'acide carbonique et de la vapeur d'huile, et qu'on est emprisonné, c'est le mot propre, dans des vêtemens bien étroits.

La *natation* est, à notre sentiment, l'exercice le plus utile et le plus salutaire auquel l'homme puisse se livrer. Il développe le système musculaire, entretient la souplesse de la peau, augmente sa vitalité, rafraîchit le sang brasé par les chaleurs brûlantes de l'été. On prend le bain froid le matin et le soir, quand on n'a plus à redouter l'action directe des rayons solaires.

On doit se livrer à cet exercice dans des rivières limpides, courant tranquillement sur un fond sablé.

La *chasse* réunit la course, le saut, la marche; en outre le maniement de l'arme exerce les membres supérieurs. Cet exercice développe les sens de la vue et de l'ouïe. La chasse donne à l'homme qui s'y livre, une constitution robuste, qui lui permet d'endurer patiemment la faim, la soif, l'humidité, le froid rigoureux, l'excessive chaleur. C'est le meilleur remède à prescrire aux personnes chez lesquelles on a à redouter un trop grand développement du système nerveux. Cependant cette exposition fréquente aux intempéries aëriennes expose aux rhumatismes et aux névralgies chroniques.

L'*escrime* développe le thorax, donne de l'adresse, de la légèreté à la main, de la précision, de la justesse à l'œil, au corps de l'aisance, de l'aplomb, de la grâce et de la souplesse dans ses mouvemens. Il faudrait pour le bien qu'on cultivât l'escrime des deux mains, car elle développe d'une manière trop excessive tout le côté du corps qui correspond au bras qui tient le fleuret.

74. Les *exercices passifs* augmentent infiniment moins l'activité de nos organes. Mais ils conviennent à cause du peu de force musculaire qu'ils exigent, aux femmes, aux hommes d'une constitution faible, et surtout aux convalescens.

C'est surtout aux individus compris dans cette catégorie que convient spécialement la *progression en voiture*, celle en litière ou en chaise à porteur, est le mode le plus doux qu'on puisse imaginer pour se transporter d'un lieu à un autre. La progression en voiture offre de grandes différences selon le mode de suspension de la voiture, et selon le terrain sur lequel elle roule.

La *navigation* sur les rivières est

aussi un mode de progression extrêmement doux; je ne lui connais que des avantages, je ne lui vois aucun inconvénient. L'esprit est distrait par la variété des objets qui passent devant vos yeux, on respire continuellement un air vif, frais et pur, qui excite les organes de la digestion et les fait parfaitement fonctionner. Nous ne saurions faire le même éloge de la navigation sur mer. Le roulis et le tangage, double mouvement que les flots font exécuter au vaisseau, cause de l'anxiété, des frissons, un tremblement général, des sueurs froides, des nausées, des vomissemens qui vous arrachent les entrailles. Pour les personnes qui se remettent facilement de ces atteintes, les voyages de long cours offrent des avantages nombreux, moraux et physiques, quand on parvient à se préserver du scorbut, maladie cruelle à laquelle nous expose l'usage des viandes salées et de mauvaise eau; mais ces mêmes voyages sont bien rarement favorables aux personnes débiles et nerveuses.

L'équitation n'est point un exercice purement passif, puisqu'en même temps qu'il faut diriger son cheval, il y a encore un effort musculaire à faire pour se maintenir en selle. L'équitation est un exercice qui plaît généralement plus que celui de la voiture, et qui offre plus d'avantages, justement à cause de ce qu'il a d'actif. Par l'ébranlement qu'il cause dans tous les organes, il les excite à mieux faire leurs fonctions; c'est un exercice presque spécifique pour la guérison des maladies de poitrine. Les gens qui montent fréquemment à cheval ont à redouter les hernies inguinales. Elles se préservent du trop grand développement du ventre, par l'usage d'une ceinture élastique, qui maintient les parois de cette cavité. Cet exercice cause chez les femmes la *leuchorrhée*, affection toujours désagréable mais souvent fâcheuse, par les désordres dont elle est peut-être la source; aussi engagerons-nous les femmes à s'abstenir de l'équitation, malgré tout le charme que cet exercice peut avoir pour elles.

CHAPITRE XII.

Des professions.

75. La partie de l'hygiène qui expose les inconvéniens de chaque profession, qui dit quelles sont les maladies auxquelles chacune prédispose, qui fournit les moyens de s'en préserver, est, sans contredit, celle qui offre le plus grand intérêt au philanthrope. Nous allons essayer de donner à nos lecteurs une nomenclature rapide des maladies nombreuses, dont les professions sont la source, et indiquer, autant que nous le permettent les limites qui nous sont imposées, les préservatifs de ces maladies. Nous diviserons les professions en *arts libéraux*,

professions manuelles et *professions insalubres*.

76. Les arts libéraux, comme la culture des lettres, des sciences et des arts, exercent activement le cerveau, prédisposent aux affections de cet organe. Les règles hygiéniques suivantes offriront des préservatifs, sinon certains, du moins très-probables de ces affections.

Les hommes qui se livrent à la méditation, ne devront se mettre au travail que quand ils s'y sentiront portés comme malgré eux. Le cerveau a le travail facile et peu fatigant, quand il est sous l'influence d'inspirations heureuses; rien pour lui n'est, au contraire plus pénible qu'un travail imposé; il faut de l'enthousiasme dans l'exercice des facultés intellectuelles. Ce travail sera interrompu assez fréquemment par quelque exercice actif, ou quelque délassement moral, car il importe d'éviter une contention cérébrale trop vive et trop long-temps prolongée; aussi l'homme méditatif, dont l'estomac est toujours lent, se gardera de se mettre au travail immédiatement après avoir mangé; il faut qu'il soit sobre, son alimentation douce, légère, plus souvent végétale qu'animale; s'il a besoin d'excitant, qu'il ne prenne que des vins peu chargés d'alcool (38 *bis.*) et du café, le moins cependant qu'il pourra de cette dernière boisson. Que l'air de l'appartement où il travaille soit souvent renouvelé, que la température en soit douce en hiver, fraîche en été; il ne saurait avoir trop de propreté, et nous lui prescrirons les bains sous ce point de vue; et afin qu'il favorise les sécrétions cutanées, qu'il se garde de retenir ses urines ou ses matières fécales. Autant que possible qu'il préfère le jour à la nuit pour se livrer au travail, et il prendra au moins de six à sept heures de sommeil.

77. Les professions manuelles emploient les forces musculaires en plus

ou en moins. Les premières, quand elles ne dépassent pas la somme des forces que l'individu a reçues en partage, procurent tous les avantages que nous avons signalés en traitant de la gymnastique; mais les efforts trop grands épuisent le corps, causent les anévrismes du cœur et des gros vaisseaux, les hernies, les hémorragies pulmonaires, les fractures, les luxations, etc. La première indication, pour se préserver de ces diverses affections, est un usage modéré et souvent interrompu de la force physique qu'on a reçue en partage. Dans les momens de repos, il faut exercer les organes qui étaient dans l'inaction au moment du travail. Il faut permettre à ces hommes une alimentation bien réparatrice et l'usage modéré des vins généreux; il faut leur accorder un sommeil un peu long, afin qu'ils réparent la déperdition immense produite par un grand travail; la propreté leur est aussi essentielle; ils pourront être vêtus légèrement en toute saison, mais que leurs vêtemens soient surtout bien amples. On ne saurait aussi trop recommander aux ouvriers d'exercer quelquefois leur esprit par la lecture de bons ouvrages qui soient à la portée de leur intelligence.

78. Rien n'est peut-être plus préjudiciable à la santé de l'homme que tous les états qui n'exigent aucune action musculaire. Cette fâcheuse influence est encore augmentée par l'absence de la lumière et le manque d'air. Tous les organes, dans cette fâcheuse condition, souffrent et languissent. Les tissus cellulaire et glandulaire s'irritent, et l'on voit naître toutes les maladies propres à ces deux systèmes. Le cerveau et les organes génitaux, au milieu de ce dépérissement des autres organes, acquièrent quelquefois un grand développement et une grande activité. L'on a observé que les couturières offraient un grand nombre d'exemples d'aliénation mentale. Les

hommes qui s'adonnent aux professions sédentaires sont assez généralement doux, calmes et patiens.

Il faut que les individus, placés dans de semblables conditions, rompent la monotonie de leur existence par des exercices brusques, actifs, auxquels ils se livreront en plein air. Ils renouvelleront fréquemment l'air de leurs ateliers, y maintiendront une chaleur douce en hiver, une température fraîche en été; ils se nourriront d'alimens légèrement toniques, boiront des vins peu alcooliques et fuiront les boissons excitantes. En été, ils prendront fréquemment des bains de rivière, et en hiver, des bains tièdes; ils se frictionneront vivement la peau, à la sortie de ces bains, avec des linges de laine. La propreté leur est encore plus essentielle qu'à tous les individus des autres professions.

79. Les professions sont insalubres sous deux points de vue, ou par les positions gênantes, forcées, auxquelles

elles soumettent le corps, ou par l'action de quelques gaz ou vapeurs délétères qui s'élèvent des matières qu'ils travaillent. Le cordonnier et le tourneur dépriment le sternum en appuyant leurs instrumens sur cette partie; le tailleur, en mettant obstacle, par sa position, à la circulation du sang dans les membres inférieurs, les affaiblit, et a à redouter les anévrismes du cœur. Les portefaix ont continuellement la colonne vertébrale courbée en avant; tous les hommes qui travaillent à la terre sont à peu près dans le même cas.

Il faudra recommander aux tailleurs de varier le plus possible leurs positions, et de se livrer à des jeux qui exercent beaucoup les membres inférieurs. Les cordonniers et les tourneurs n'auront d'autre ressource que d'abandonner leur profession si elle leur devient trop incommode. Les portefaix, les agriculteurs se livreron à des exercices qui tendent à redresser leur colonne vertébrale.

80. Les professions qui sont insalubres par l'action de certains gaz, ou vapeurs, sur notre économie, sont malheureusement trop nombreuses. Ces gaz ou ces vapeurs sont minérales, végétales ou animales, selon que l'individu travaille sur des substances d'un de ces trois règnes.

Les ouvriers qui travaillent les métaux sont exposés à l'action des vapeurs métalliques, vapeurs qui sont produites par le plomb, l'étaim, l'arsenic, le cuivre, le mercure, chauffés à différens degrés, fondus ou vaporisés, et ont à redouter la colique métallique, les tremblemens nerveux, les convulsions, l'asphyxie. On a proposé divers moyens pour préserver les ouvriers de l'action de ces vapeurs, et sous ce point de vue on doit de grands remercîmens à M. Darcet, dont tous les travaux ont un but utile et philantropique. Ce célèbre chimiste a établi dans les ateliers des doreurs sur métaux, des fourneaux d'appels qui, en établissant un violent courant d'air ascendant dans la cheminée, enlève sans cesse les émanations métalliques qui se dégagent des fourneaux des ouvriers. On a encore recommandé la pratique de longs tuyaux adaptés à un masque qui prend parfaitement toute la figure de l'ouvrier, et dont l'autre extrémité est placée en dehors de l'atelier, de sorte que l'ouvrier respirerait l'air extérieur. Les mineurs sont exposés à des émanations encore plus fâcheuses, connues sous le nom de moffettes. C'est du gaz hydrogène mêlé à d'autres gaz, qui s'enflamme en détonnant quand il est en contact avec la lampe du mineur; les mineurs sont préservés de ce danger, par l'invention de la lampe du mineur, due au célèbre chimiste anglais Davy. Les ouvriers, mineurs, pour se préserver en outre de l'action débilitante d'une atmosphère humide non renouvelee, non vivifiée par l'action de la lumière solaire, s'exposeront le plus souvent qu'ils pourront à l'action de la lumière solaire, et respireront en même temps un air pur. Nous leur recommanderons enfin une propreté excessive, une nourriture saine et mortifiée, un usage modéré d'un vin généreux, mais l'abstinence de l'eau-de-vie dont ils ont le tort de boire de trop grande quantité; enfin, ils ne consacreront à ces travaux pénibles que peu d'années de leur jeunesse.

81. Les vidangeurs, les tanneurs les boyaudiers, lescureurs d'égoûts, les écarisseurs, les fossoyeurs, etc., sont exposés à l'action de gaz beaucoup plus nuisibles que ne le sont les vapeurs métalliques. Un grand nombre de ces émanations causent la mort subitement et sans aucun remède. L'action prolongée des émanations qui règnent dans les ateliers où l'on travaille les substances

animales, détermine la bouffissure générale, la décoloration des tissus, la pustule maligne, et une infinité de fièvres, toutes très-graves. Les ateliers devront être munis d'appareils guytoniens, d'où se dégage le chlore, gaz qui a la propriété de neutraliser ces vapeurs délétères. L'ammoniac et l'hydrogène sulphuré (la mitte et le plomb des vidangeurs) qui se dégagent des fosses d'aisances, causent des coryzas, des ophthalmies, des toux plus ou moins graves et des asphyxies, souvent suivis de la mort absolue.

Dans ces derniers temps, M. Labarraque a trouvé un moyen aussi facile que certain de mettre les vidangeurs et tous les ouvriers précédemment énumérés, à l'abri de l'action de toutes ces émanations animales; il suffit d'arroser les ateliers avec le chlorure de chaux, et de verser de ce même corps dans les fosses au moment où on les ouvre. Les chlorures de chaux et de soude jouissent à un plus haut degré que tout autre corps des propriétés désinfectantes.

82. Il existe une infinité d'état où l'on respire un air pur, quant à sa composition chimique, mais chargé de matières pulvérulentes extrêmement fines, fournies par des corps qu'on réduit en poudre ou qu'on emploie sous cette forme. Ces corps, introduits par la voie de la respiration, dans le poumon qui n'est apte qu'à recevoir de l'air, y agissent comme corps étrangers et y causent des irritations qui peuvent altérer l'organisation de cet organe. L'hygiène offre contre ces agens peu de ressources. C'est en vain que l'ouvrier se couvre la figure d'un voile de mousseline; il ne serait efficacement préservé que par le masque que nous avons conseillé, contre les vapeurs insalubres. Du reste, il devra s'interrompre fréquemment pour aller respirer un air pur, et surtout prendre des bains tièdes pour débarrasser la

peau de cette poussière, qui, mêlée à la matière de la transpiration insensible, y forme une croûte qui empêche la peau de faire ses fonctions.

FIN.

TABLE.

Les premiers chiffres indiquent les alinéas.

Pages

FIN DE LA TABLE.

www.ingramcontent.com/pod-product-compliance
Ingram Content Group UK Ltd.
Pitfield, Milton Keynes, MK11 3LW, UK
UKHW021154260726
13994UKWH00001B/461